FLTRP CHINESE LANGUAGE TRAINING SERIES — EXCEL IN CHINESE

外研社国际汉语培训教材——"卓越汉语"系列

外研汉语

U0730268

Corso Rapido di Cinese

意大利语版

速成汉语

Primo Volume　　上　册

李雪梅　荆　莉　编著

Nicoletta Pesaro　翻译

含MP3光盘一张

外语教学与研究出版社

北　京

图书在版编目（CIP）数据

速成汉语：意大利语版. 上册 ／ 李雪梅，荆莉编著；（意）佩萨罗译. —
北京 ：外语教学与研究出版社，2013.8
外研社国际汉语培训教材. "卓越汉语"系列
ISBN 978-7-5135-3499-4

Ⅰ. ①速… Ⅱ. ①李… ②荆… ③佩… Ⅲ. ①汉语－对外汉语教学－教材
Ⅳ. ① H195.4

中国版本图书馆 CIP 数据核字 (2013) 第 191996 号

出 版 人　蔡剑峰
责任编辑　谢丹凌
执行编辑　李　扬
装帧设计　姚　军
出版发行　外语教学与研究出版社
社　　址　北京市西三环北路 19 号（100089）
网　　址　http://www.fltrp.com
印　　刷　北京华联印刷有限公司
开　　本　889×1194　1/16
印　　张　14.5
版　　次　2013 年 9 月第 1 版 2013 年 9 月第 1 次印刷
书　　号　ISBN 978-7-5135-3499-4
定　　价　90.00 元（含 MP3 光盘 1 张）

购书咨询: (010)88819929 电子信箱: club@fltrp.com
如有印刷、装订质量问题，请与出版社联系
联系电话: (010)61207896 电子信箱: zhijian@fltrp.com
制售盗版必究　举报查实奖励
版权保护办公室举报电话: (010)88817519
物料号: 234990001

前　　言

近年来，世界范围内的"汉语热"成为一个令世人瞩目的事实，汉语学习人数与日俱增。作为对外汉语教师，我们在兴奋的同时，也深感任务的艰巨。汉语"热"起来了，我们的教学对象也更加广泛。汉语教学从大学走向社会，延伸到越来越多的社区学校、中小学校、中文学校、周末学校等。我们目前的汉语教材，基本都是"通用型"教材，模式单一，体例固化，且有一定的专业色彩，这些显然不能适应上述人群的学习需要。如何结合教学实际，吸收日益更新的第二语言教学理念，编写出富有针对性、地域性、适合各个层次和各种类型学习者的汉语教材，已经成为国内外从事汉语教学工作的每一位教师的愿望和使命。我们编写本套教材的初衷也正源于此。天道酬勤，如今这本教材历经三载，数易其稿，终于得以面世，我们相信它将不辱使命。

该教材主要面向大学以外的、社会学校的汉语学习者，尤其适用于初次接触汉语或先前对汉语接触不多的学习者。这套教材的确定目标是从汉语基础开始，逐步引导，形成并提高学习者在实际生活环境中理解和运用汉语进行交际的能力。我们希望它不仅能使汉语学习者对中国人的社会生活方式和言语表达习惯有所了解，而且能让他们获得使用汉语进行言语实践的能力。

本套教材分为上、下两册，共三十课内容。本册为基础篇，共十五课。如用于课堂教学，每课的教学时间约为四个小时，学完全书需要约六十个小时。

为了便于学习者校正发音、正确朗读，每课生词与课文都配有拼音。课文以对话为主，基本按照由短到长、由浅入深以及词语复现的原则进行编写。内容涉及日常生活的很多领域，每个对话基本都是一个初到中国、初识汉语的外国人进入中国社会生活可能会遇到或参与的场景或活动。语言简洁规范，通俗明了，活泼而富有生趣，口语性强，便于学习者对生活中鲜活语言的理解、记忆和实际运用。生词绝大部分都是日常生活、工作、学习中所必需或可能用到的词语，配以意大利语注释。为了帮助学习者更好、更快地掌握课文中的重要语法点和词语，练习的设计编排尽量多样化，言语技能的训练项目可操作性较强。教师或学习者可根据实际情况自由选用。

本书的特色和亮点在于每篇课文后都配有"文化点滴"和展示汉意语法现象的"比一比"板块，其内容紧扣课文。"文化点滴"以浅显生动的语言介绍了课文内容所涉及的中国文化知识，以增进学习者对中国社会和文化的了解；"比一比"则选取了课文中典型的语法现象，对其在汉语和意大利语中的运用特征进行对比和分析，针对性很强。这对意大利的汉语学习者来说可谓切中肯綮。因此，本套教材不仅适用于学校课堂教学，也适合其他有意到中国生活、学习、工作的意大利朋友自学之用。因为这是一本摸索性的实用教材，我们诚恳地期待各位使用者批评指正。

编者

2013年4月

Introduzione

Il "boom della lingua cinese" negli ultimi anni ha attirato l'attenzione generale in tutto il mondo, il numero di coloro che studiano il cinese sta subendo una crescita vertiginosa. Oltre a provare una certa eccitazione, noi che insegniamo il cinese come lingua straniera ci sentiamo caricati di una formidabile responsabilità. Il salire di questa "febbre" cinese ha ampliato ulteriormente i destinatari della nostra didattica: dall'università l'insegnamento del cinese si è rivolto alla società, estendendosi a un numero crescente di scuole private, scuole elementari e medie, scuole attivate dalle comunità cinesi residenti in Italia, scuole serali per amatori ecc. I materiali didattici finora utilizzati hanno un carattere "universale", basato su un modello unico e regole consolidate, attagliandosi fondamentalmente a un pubblico "specialistico". Tutto ciò evidentemente non si confà alle esigenze di studio delle istituzioni e delle comunità sopraccitate. Elaborare dei manuali che siano in grado di raccogliere le diverse realtà dell'insegnamento del cinese, recependo le continue novità che emergono nella didattica del cinese come L2, e, nello stesso tempo, incontrando in modo mirato le specificità locali e le esigenze dei discenti ai vari livelli è un'aspirazione e una missione per tutti coloro che in Cina come all'estero si occupano di insegnamento della lingua cinese. Da ciò nasce anche l'intenzione originale che ha portato alla preparazione di questo manuale, che dopo diverse stesure è dato finalmente alle stampe e che, crediamo, assolve pienamente il compito che si era preposto.

Questo manuale si rivolge prettamente a un pubblico non universitario, di studenti che a vario titolo e per la prima volta (o dopo superficiali contatti) si accostino allo studio del cinese; partendo dai primi rudimenti della lingua cinese si prefigge l'obiettivo di guidare, formare e gradualmente innalzare le abilità comunicative dello studente nell'utilizzo e nella comprensione del cinese in un contesto di vita reale. Ci auguriamo che esso possa aiutare lo studente sia a raggiungere una certa conoscenza della società, dello stile di vita e delle abitudini espressive dei cinesi, sia anche ad acquisire una buona capacità d'uso del cinese a livello pratico.

Il manuale si compone di due volumi, per un totale di trenta lezioni. Il presente volume di livello base è costituito da quindici lezioni, ciascuna delle quali in un contesto di insegnamento d'aula può essere completata in quattro ore. L'intero manuale, quindi, si presta a essere utilizzato in un corso che preveda complessivamente sessanta ore di insegnamento. Tutti i vocaboli e i testi delle lezioni sono corredati dalla traslitterazione fonetica dei caratteri in *pinyin*, al fine di agevolare una pronuncia standard e una corretta lettura da parte degli studenti. I testi delle lezioni sono basati principalmente su dialoghi, la cui lunghezza e il cui grado di difficoltà aumentano progressivamente nel manuale, inoltre i testi sono stati elaborati in base al principio della frequente ricorrenza dei vocaboli. I contenuti fanno riferimento a una grande varietà di situazioni tratte dalla vita quotidiana, e ciascun dialogo descrive una circostanza tipica in cui si potrà trovare o un'attività a cui potrebbe partecipare uno studente straniero nelle sue prime esperienze di vita in Cina. La lingua utilizzata è semplice e di tipo standard, comprensibile e rispecchiante l'uso comune, ma anche vivace e ricca di interesse: l'aspetto colloquiale è fortemente sottolineato per consentire allo studente di comprendere, memorizzare e utilizzare un linguaggio vivo e reale. Anche i vocaboli sono tratti essenzialmente da un lessico vivo la cui conoscenza è necessaria e l'uso frequente nella vita quotidiana, nel lavoro e nello studio, inoltre sono corredati da note esplicative in italiano. Tutto ciò è accompagnato da una grande quantità e varietà di esercizi, la cui natura pragmatica è fortemente accentuata, per aiutare lo studente ad assimilare meglio e più velocemente i principali fenomeni grammaticali e lessicali presenti nel testo. Il docente o il discente può scegliere liberamente fra questa vasta gamma di esercizi a seconda delle proprie specifiche esigenze.

La peculiarità e il punto forte di questo libro consistono nel fatto che ogni lezione presenta un brano di "Pillole di cultura" e una nota grammaticale "Lingue a confronto" tra cinese e italiano, entrambi strettamente connessi al contenuto della lezione. I brani di "Pillole di cultura" approfondiscono con un linguaggio semplice e vivace gli aspetti socio-culturali presenti nel testo della lezione, allo scopo di accrescere la conoscenza della cultura cinese da parte dello studente; le note comparative invece selezionano il fenomeno grammaticale più caratteristico della lezione per analizzarne e confrontarne il comportamento rispettivamente in cinese e in italiano, puntando a farne cogliere la specificità. Ciò rappresenta un utile e provvidenziale strumento per lo studente della lingua italiana. Pertanto, questo manuale non è soltanto adatto per l'insegnamento secondo modalità convenzionali in aula, ma si presta anche all'utilizzo da parte di chi si appresti a vivere in Cina per lavoro o studio e voglia formarsi un bagaglio di conoscenze linguistiche preliminare. Poiché si tratta di un testo sperimentale, ci auguriamo che possa ottenere un'accoglienza e ci aspettiamo sinceramente che i lettori ci inviino i loro commenti e critiche per migliorarlo.

Aprile 2013

目　　录

第一课　你好

Prima lezione — Ciao

汉语课文
Testo in cinese

1) A: 你好!
   B: 你好!

2) A: 您好!
   B: 您好!

3) A: 你好吗?
   B: 我很好,你呢?
   A: 我也很好!

补充课文
Testo supplementare

早上好
Buongiorno

1) A: 早上好!
   B: 早!

2) A: 保罗,你好吗?
   B: 我很好。
   A: 你家人都好吗?
   B: 都很好。谢谢!

3) A: 晚上好!
   B: 晚上好!

■ 汉语拼音课文
Testo in Pinyin

1) A: Nǐ hǎo!

   B: Nǐ hǎo!

2) A: Nín hǎo!

   B: Nín hǎo!

3) A: Nǐ hǎo ma?

   B: Wǒ hěn hǎo, nǐ ne?

   A: Wǒ yě hěn hǎo!

■ 汉语拼音补充课文
Testo supplementare in Pinyin

Zǎoshang hǎo

1) A: Zǎoshang hǎo!

   B: Zǎo!

2) A: Bǎoluó, nǐ hǎo ma?

   B: Wǒ hěn hǎo.

   A: Nǐ jiārén dōu hǎo ma?

   B: Dōu hěn hǎo. Xièxie!

3) A: Wǎnshang hǎo!

   B: Wǎnshang hǎo!

词汇 Lessico

▲ 课文生词
Vocaboli

你 （代）nǐ   tu
好 （形）hǎo   buono, bene
您 （代）nín   Lei
吗 （助）ma   *particella modale*
我 （代）wǒ   io
很 （副）hěn   molto
呢 （助）ne   *particella modale*
也 （副）yě   anche

▲ 补充课文生词
Vocaboli supplementari

早上 （名）zǎoshang mattino
早 （形）zǎo   presto
家人 （名）jiārén   famigliari
都 （副）dōu   tutto, tutti
谢谢 （动）xièxie   grazie
晚上 （名）wǎnshang sera

▲ 课文专有名词
Nomi propri

保罗 （人名）Bǎoluó   Paul

1 拼音
Pinyin

现代汉语可以用拼音记音。现代汉语拼音共有21个声母，39个韵母。汉语的音节一般由两部分组成：开头的辅音叫声母，其余的部分叫韵母。例如：hǎo、nǐ、shàng，其中h、n、sh是声母，ao、i、ang是韵母。一个音节可以没有声母，但是不能没有韵母。现代汉语声韵母图表如下：

Esiste una trascrizione fonetica del cinese moderno detta *pinyin*. Il *pinyin* è costituito da 21 iniziali e 39 finali. Le sillabe del cinese moderno sono normalmente composte da due parti, una consonante o gruppo di consonanti, che ricorre all'inizio della sillaba, detta iniziale, e la parte restante detta finale. Per esempio: nelle sillabe hǎo, nǐ, shàng, h, n e sh sono iniziali, mentre ao, i e ang sono finali. Una sillaba può essere composta solo dalla parte finale ed essere priva di iniziale, ma non può mancare della finale. Nella tabella sottostante sono elencate tutte le iniziali e le finali del cinese moderno:

声母 Iniziali	唇音 labiali	b [p],	p [pʻ],	m [m],	f [f]
	舌尖音 alveolari	d [t],	t [tʻ],	n [n],	l [l]
	舌尖前音 dentali	z [ts],	c [tsʻ],	s [s]	
	舌尖后音 retroflesse	zh [tʂ],	ch [tʂʻ],	sh [ʂ],	r [ʐ]
	舌面音 palatali	j [tɕ],	q [tɕʻ],	x [ɕ]	
	舌根音 velari	g [k],	k [kʻ],	h [x]	

单韵母 Finali semplici

a [A], o [o], e [ɤ], ê [ɛ], i [i], u [u], ü [y], -i[ɿ], -i[ʅ], er [ɚ]

复韵母 Finali composte

ai [ai],	ei [ei],	ao [au],	ou [ou]
ia [iA],	ie [iɛ],	iao [iau],	iou (-iu)[iou]
ua [uA],	uo [uo],	uai [uai],	uei (-ui)[uei]
üe [yɛ]			

鼻韵母 Finali nasali

an [an],	en [ən],	ang [ɑŋ],	eng [əŋ],	ong [uŋ]
ian [iɛn],	in [in],	iang [iaŋ],	ing [iŋ],	iong [yŋ]
uan [uan],	uen (un) [uən],	uang [uaŋ],	ueng [uəŋ]	
üan [yɛn],	ün [yn]			

② 声调
Toni

汉语的每个音节都有一个固定的声调。声调具有区别意义的作用。同一音节声调不同，意义也不同。现代汉语普通话有四个基本声调，即第一声、第二声、第三声和第四声，或称作阴平、阳平、上声、去声。各声调调值分别为 55、35、214、51。书写符号为 —、／、∨ 、＼。图示如下：

Ogni sillaba si pronuncia con un determinato tono. I toni hanno la funzione di distinguere sillabe dal significato diverso, infatti, una stessa sillaba se pronunciata in toni diversi rimanda a significati diversi. Nella lingua standard (*putonghua*) del cinese moderno esistono quattro toni fondamentali. Ossia, il primo tono, il secondo tono, il terzo tono e il quarto tono, detti anche rispettivamente: piano, ascendente, discendente-ascendente e discendente. Ciascun tono viene articolato con una diversa altezza di suono, pari rispettivamente a 55, 35, 214 e 51. I quattro toni vengono rappresentati graficamente con i seguenti simboli: —, ／, ∨ , ＼. La tabella seguente rappresenta l'andamento dei toni:

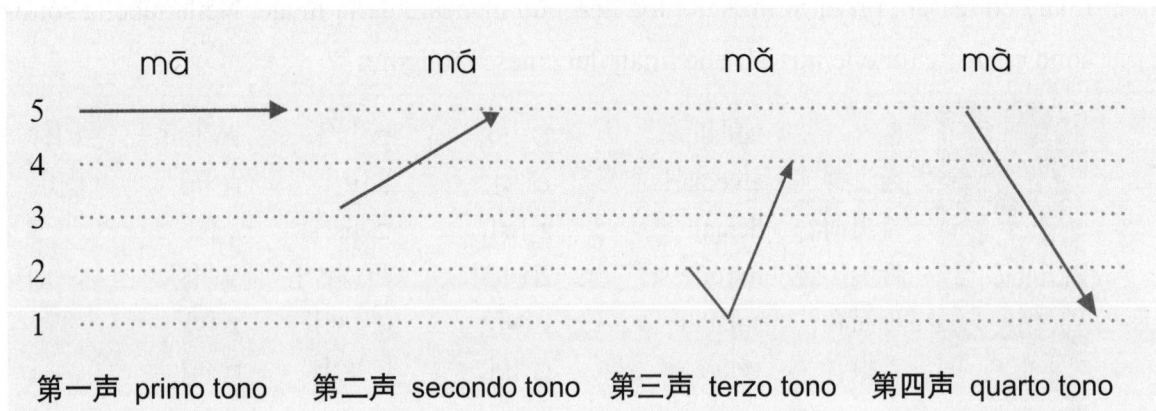

第一声 primo tono　　第二声 secondo tono　　第三声 terzo tono　　第四声 quarto tono

注　意

每个音节的声调应该标在单韵母或复合韵母的主要韵母上（其顺序为 a，o，e，i，u，ü），如：bǎo、bēi。如果韵母是 i，标调号时应去掉 i 上边的点，如：nǐ、tí、lì。当一个音节中的复韵母是 iu（iou）和 ui（uei）时，声调应该标在复韵母中的最后一个韵母上。例如：jiǔ、tuǐ。

Attenzione: Il tono di ogni sillaba deve essere tracciato sulla finale semplice o sulla vocale principale della finale composta (nell'ordine a, o, e, i, u, ü), es. bǎo, bēi. Se la finale è i l'accento che rappresenta il tono si sostituisce al puntino, es. nǐ, tí, lì. Nel caso delle finali composte iu (iou) e ui(uei), il tono deve essere tracciato sull'ultima vocale. Es.: jiǔ, tuǐ.

3 副词 "也" 和 "很"
Gli avverbi 也 (yě) e 很 (hěn)

"也" 是一个副词，在句子中应放在主语的后面，谓语动词或形容词的前面，不能放在句首或句尾。例如：

也 (yě) è un avverbio. All'interno della frase deve seguire sempre il soggetto e precedere i verbi e gli aggettivi in funzione predicativa. Non deve essere mai collocato all'inizio o alla fine della frase. Es.:

我也很好。（✓）　　　　也我很好。（×）　　　　我很好也。（×）

"很" 也是一个副词，用在形容词的前面。但此时表示程度的意义已经不明显，只有肯定的意义。例如，"我很好" 中的 "很" 是用来肯定 "我好" 的。

Anche 很 (hěn) è un avverbio, viene usato davanti agli aggettivi. In questa frase tuttavia perde il suo significato di intensificatore di grado, svolgendo solo una funzione rafforzativa. Per esempio: nella frase 我很好 (wǒ hěn hǎo) l'avverbio 很 (hěn) rafforza l'espressione 我好 (wǒ hǎo, io sto bene).

注 意

当副词 "也" 和 "都" 或 "也" 和 "很" 一起出现时，"也" 应该放在 "都" 或 "很" 的前面。例如：

Attenzione: quando l'avverbio 也 (yě) ricorre insieme a 都 (dōu) oppure 很 (hěn)，也 (yě) deve sempre precederli. Es.:

A: 我们很好。你们呢？

B: 我们也很好。他们呢？

A: 他们也都很好。

4 语气助词 "吗" 和 "呢"
Particelle modali 吗 (ma) e 呢 (ne)

"吗" 是表示疑问的语气助词。表示问话人不知道并希望得到回答时，可在陈述句末尾加上 "吗"。例如：

吗 (ma) è una particella modale interrogativa. Posta alla fine di una frase affermativa la trasforma in frase interrogativa, quando ci si attende una risposta. Per es.:

李先生好吗？

你家人都好吗？

"呢"也是语气助词，可以用在名词或名词短语后边，构成简单的特指问句。例如：
Anche 呢 (ne) è una particella modale, può ricorrere dopo un nome o dopo un sintagma per formare una domanda semplice. Es.:

我很好。你呢？

我家人都很好。你家人呢？

这类句子的疑问点未在句子中出现，由语境提供。如，例句中的"你呢"意思是"你好吗"，而"你家人呢"意思是"你家人好吗"。此处不可以用"吗"。
Questo tipo di enunciati interrogativi interrotti non compaiono mai in mezzo alla frase, e il loro significato si comprende in base al contesto. Per esempio 你呢 (nǐ ne) nella frase dell'esempio significa 你好吗 (nǐ hǎo ma, tu stai bene), mentre 你家人呢 (nǐ jiārén ne) corrisponde a 你家人好吗 (nǐ jiārén hǎo ma, i tuoi stanno bene). Questi enunciati interrotti non ammettono la particella 吗 (ma).

练习 Esercizi

1 辨别声母
Distinguere le iniziali

ba	pa	da	ta	ga	ka	ha	za	ca	sa
bu	pu	du	tu	gu	ku	hu	zu	cu	su
bai	pai	dai	tai	gai	kai	hai	zai	cai	sai
bao	pao	dao	tao	gao	kao	hao	zao	cao	sao

2 辨别韵母
Distinguere le finali

ba	bo	bai	bei	ma	mo	ne	nu
de	da	du	dai	mai	mei	kao	kou
hao	hou	pao	pou	lai	lei	nu	nü
fou	fu	gao	gei	gai	gou	huai	hai

3 声调练习
Esercizio con i toni

ā	á	ǎ	à		ō	ó	ǒ	ò
ē	é	ě	è		ī	í	ǐ	ì
ū	ú	ǔ	ù		ǖ	ǘ	ǚ	ǜ

4 认读并注音
Leggere e trascrivere in Pinyin

你	您	好	吗	呢
我	也	很	都	家人

5 请把下面的词组成句子
Comporre delle frasi utilizzando le seguenti parole

1) 好　你　吗
2) 也　好　您　吗
3) 好　您　先生 (xiānsheng, signore)
4) 很　我　好　也
5) 家人　很　也　都　我　好

6 交际会话
Conversazione

1) A: Bǎoluó, Nǐ hǎo!
   B: Nín hǎo, Lǐ xiānsheng!
   A: Nǐ hǎo ma, Bǎoluó?
   B: Wǒ hěn hǎo, nín ne?
   A: Wǒ yě hěn hǎo. Xièxie!

2) A: Zǎoshang hǎo, Lǐ xiānsheng!
   B: Nǐ zǎo, Bǎoluó!
   A: Nín jiārén dōu hǎo ma?
   B: Dōu hěn hǎo. Xièxie!

中国人的问候

"你好"是中国人最常用、最普通的问候语,任何人在任何时间和地点都可以用。但有时根据对象的不同,问好也可以有些变化。

问好首先要注意对方的年龄、身份、职业等。对于年龄大、地位高的人,我们要用"您好"来问好,这样显得更有礼貌;对于不熟悉或刚认识的人,我们也可以用"您好"来问好,这样显得很客气。我们也可以根据对方的职业或职务来向对方问好。比如,对方是老师,我们可以说"老师好";向公司的老板问好,我们可以说"老板好"。如果你的面前有许多人,我们可以用复数形式"你们好"或"大家好"来问好。

此外,我们也可以根据不同的时间用不同的问候语。早上见面时可以说"早上好"、"你早"或简单地说一个字"早",但要注意,十点钟以后就不可以用"早上好"了。晚上见面时我们可以用"晚上好"来问好,而"上午好"、"中午好"、"下午好"则多用于正式场合。

La cultura cinese dei "saluti"

你好 (nǐ hǎo, ciao) la forma di saluto più comune e più usata in cinese, da qualsiasi persona e in qualsiasi situazione. Tuttavia, il saluto può cambiare a seconda dei diversi interlocutori.

Nel salutare qualcuno bisogna innanzitutto considerare la sua età, status sociale e professione. La forma più educata per salutare una persona più grande o un superiore è 您好 (nín hǎo, buongiorno); ma possiamo usare questa espressione anche con una persona che non conosciamo bene o appena conosciuta, il saluto suonerà più gentile. Il saluto può essere diversificato anche in base alla professione o all'incarico svolto dal nostro interlocutore, per esempio: se è un insegnante, diremo 老师好 (lǎoshī hǎo, buongiorno professore); se si tratta di un manager o direttore d'azienda, si dirà 老板好 (lǎobǎn hǎo, buongiorno direttore). Se ci si rivolge a molte persone, il saluto può essere così espresso: 你们好 (nǐmen hǎo, buongiorno) oppure 大家好 (dàjiā hǎo, buongiorno a tutti).

Il saluto può variare anche a seconda dell'ora del giorno. Per esempio: quando ci si incontra al mattino presto si può dire 早上好 (zǎoshang hǎo), oppure 你早 (nǐ zǎo) o anche semplicemente 早 (zǎo). Ma attenzione, dopo le 10 queste espressioni non si possono più usare. Alla sera, quando ci si incontra ci si può salutare con 晚上好 (wǎnshang hǎo, buonasera). In genere, espressioni come 上午好 (shàngwǔ hǎo), 中午好 (zhōngwǔ hǎo), e 下午好 (xiàwǔ hǎo) sono invece più usate in occasioni formali.

汉语、意大利语中"也"的位置
La posizione di "anche" in cinese e in italiano

例句 **1** 我也是学生。（主语后、动词前）(segue il soggetto e precede il verbo)

Anch'io sono studente.（句首）(all'inizio di frase)

2 明天我也去。（主语后、动词前）(segue il soggetto e precede il verbo)

Domani vado anch'io.（动词后、主语前）(segue il verbo e precede il soggetto)

3 明天我也去。（主语后、动词前）(segue il soggetto e precede il verbo)

Domani anch'io vado.（在句中）(in mezzo alla frase)

小 结

从上面的例句我们可以看出，意大利语中的"也"的位置很灵活，可以放在句首、句尾、句中；而汉语中"也"的位置只能放在主语的后面、动词或形容词的前面作状语。

Sintesi: dagli esempi citati possiamo vedere che in italiano "anche" può ricorrere in varie posizioni, all'inizio della frase, al centro o alla fine; in cinese, invece, 也 (yě) può ricorrere solo dopo il soggetto e prima del verbo o di un aggettivo in funzione di determinante verbale.

第二课　您贵姓

Seconda lezione　　Come si chiama

课 文 | Testo

■ 汉语课文
Testo in cinese

1) A: 您贵姓？
   B: 我姓王，叫王丽。你呢？
   A: 我叫保罗。

2) A: 请问，你的名字是？
   B: 我叫芭芭拉。你呢？
   A: 我叫李大明。
   B: 你好！
   A: 你好！

3) A: 您好！
   B: 您好！请问，怎么称呼您？
   A: 我叫李大明。您呢？
   B: 我叫保拉。
   A: 认识您很高兴，保拉小姐！
   B: 我也是，李先生。

■ 补充课文
Testo supplementare

你的名字很好听
Hai un bel nome

A: 您好！您是保罗先生吗？
B: 是的。你是？

A: 我叫李大明，您叫我大明吧，
"大小"的"大"，"光明"的
"明"。

B: 大明，你的名字很好听！

A: 谢谢！

■ 汉语拼音课文
Testo in Pinyin

1) A: Nín guìxìng?

   B: Wǒ xìng Wáng, jiào Wáng Lì.
   Nǐ ne?

   A: Wǒ jiào Bǎoluó.

2) A: Qǐngwèn, nǐ de míngzi shì?

   B: Wǒ jiào Bābālā. Nǐ ne?

   A: Wǒ jiào Lǐ Dàmíng.

   B: Nǐ hǎo!

   A: Nǐ hǎo!

3) A: Nín hǎo!

B: Nín hǎo! Qǐngwèn, zěnme
chēnghu nín?

A: Wǒ jiào Lǐ Dàmíng. Nín ne?

B: Wǒ jiào Bǎolā.

A: Rènshi nín hěn gāoxìng, Bǎolā
xiǎojiě!

B: Wǒ yě shì, Lǐ xiānsheng.

■ 汉语拼音补充课文
Testo supplementare in Pinyin

Nǐ de míngzi hěn hǎotīng

A: Nín hǎo! Nín shì Bǎoluó
xiānsheng ma?

B: Shìde. Nǐ shì?

A: Wǒ jiào Lǐ Dàmíng, nín jiào wǒ
Dàmíng ba, "dà xiǎo" de "dà",
"guāngmíng" de "míng".

B: Dàmíng, nǐ de míngzi hěn
hǎotīng!

A: Xièxie!

词汇 Lessico

▲ 课文生词
Vocaboli

贵姓（名）	guìxìng	chiamarsi (cognome)
姓 （动）	xìng	cognome
叫 （动）	jiào	chiamare
请问（动）	qǐngwèn	scusi, posso chiederle?
的 （助）	de	*particella strutturale*
名字（名）	míngzi	nome
是 （动）	shì	essere
怎么（代）	zěnme	come, in che modo

称呼（动）chēnghu　　chiamare
认识（动）rènshi　　　conoscere
高兴（形）gāoxìng　　contento
小姐（名）xiǎojiě　　　signorina
先生（名）xiānsheng　signore

▲ 课文专有名词
Nomi propri

王　　　（姓）Wáng　　　Wang
王丽　　（人名）Wáng Lì　　Wang Li
芭芭拉（人名）Bābālā　　Barbara
李大明（人名）Lǐ Dàmíng　Li Daming
保拉　　（人名）Bǎolā　　　Paola

▲ 补充课文生词
Vocaboli supplementari

吧　　（助）ba　　　　particella modale
小　　（形）xiǎo　　　piccolo
光明（名）guāngmíng　luce
好听（形）hǎotīng　　bello, piacevole da ascoltare

注释 | Note

1 半三声
Mezzo terzo tono

第三声的音节在单独念或者在句尾有停顿时读第三声。如果第三声音节后边跟一个第一声、第二声、第四声或轻声音节，要读作半三声，即只读第三声前一半的下降部分，不读后一半的上升部分，马上接读下面的音节。值得注意的是，读半三声时，起音要低，不同于第四声。半三声图示如下：

Le sillabe al terzo tono, quando sono pronunciate da sole o in fine frase seguite da una pausa, mantengono il terzo tono. Quando sono seguite da sillabe al primo tono, al secondo, al quarto oppure al tono neutro, invece, il terzo tono diventa mezzo terzo tono, ossia del terzo tono si pronuncia soltanto la prima parte, quella discendente, mentre non si pronuncia la seconda parte, ascendente, e si continua subito con la sillaba seguente.

Vale la pena notare che nel pronunciare il mezzo terzo tono il suono deve essere emesso da un'altezza iniziale piuttosto bassa, a differenza del quarto tono. Nella tabella seguente è rappresentato l'andamento del mezzo terzo tono:

V + −	V + /	V + \
5 ···· duō ⟶	māng	
4		
3		
2 hěn	hěn	hěn dā
1		

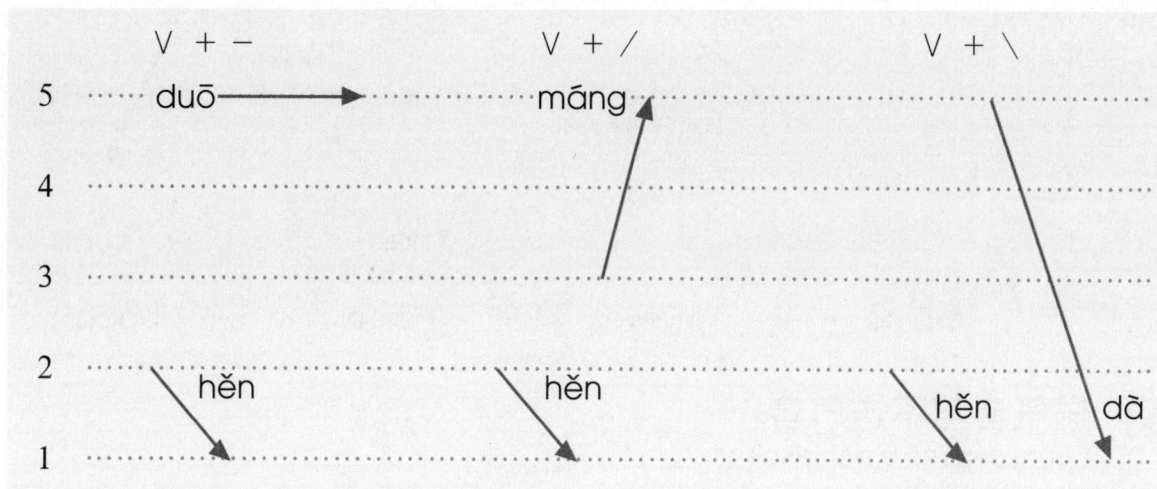

注 意

两个第三声音节连读时，第一个音节要读成第二声。例如，nǐ hǎo应读作 ní hǎo，lǎohǔ应读作láohǔ。即：V＋V→/＋V（只有读音发生变化，而书写不变化）。

Attenzione: quando due sillabe al terzo tono si susseguono, la prima viene pronunciata al secondo tono. Per es. nǐ hǎo deve essere pronunciato ní hǎo, lǎohǔ (tigre) deve essere pronunciato láohǔ: ossia, V ＋ V →/＋ V (questa variazione tonale avviene solo a livello parlato, non viene mai indicata nella lingua scritta).

2 轻声
Tono neutro

汉语里有一些音节不带声调，读得又轻又短，这样的调子叫轻声。轻声的音高往往受前面一个音节声调的影响而发生变化。请看下面的示意图：

In cinese vi sono delle sillabe prive di tono, che vengono pronunciate atone e con una brevissima emissione di voce. Questo tono è chiamato tono neutro, la cui altezza subisce spesso delle variazioni in base alla sillaba precedente. Si veda la tabella seguente:

− + 0	/ + 0	V + 0	\ + 0

```
5   mā ——————→                    ↗
4                                    . nai
3              . ye              bã
2   . ma
1                        năi          . ba

    māma          yéye       năinai       bàba
```

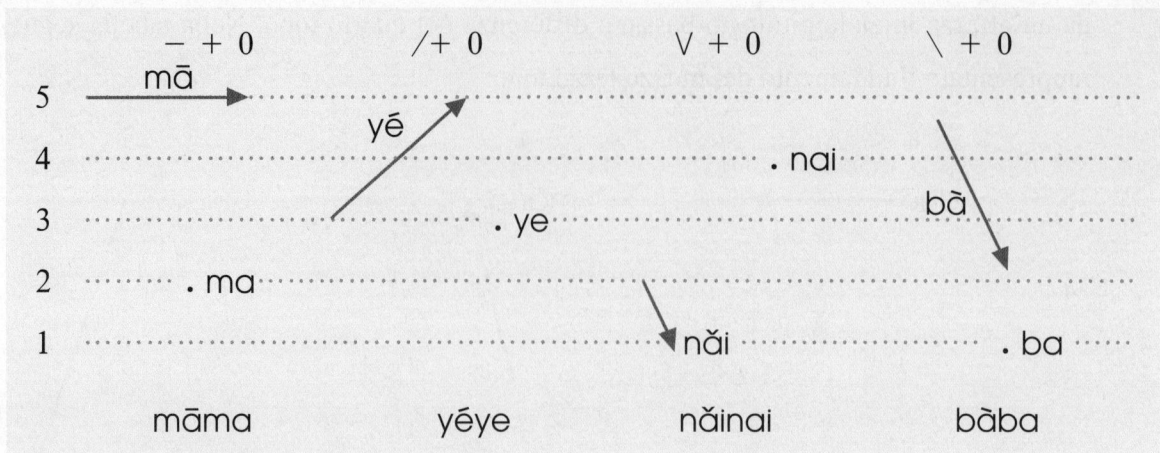

3 送气音与不送气音
Suoni aspirati e non aspirati

在汉语拼音的声母中，有六组送气、不送气音。它们分别是：b—p、d—t、g—k、j—q、z—c、zh—ch，其中 b、d、g、j、z、zh 为不送气音，p、t、k、q、c、ch 为送气音。在发这六组音的时候，要特别注意两者之间的区别。

Le iniziali comprendono sei gruppi di consonanti divise tra aspirate e non aspirate. I gruppi sono: b—p, d—t, g—k, j—q, z—c, zh—ch, di queste consonanti b, d, g, j, z, zh sono non aspirate, mentre p, t, k, q, c, ch sono aspirate. Nel pronunciare queste consonanti è necessario fare attenzione particolare a distiguerle tra loro.

4 语气助词 "吧"
La particella modale 吧 (ba)

"吧"是语气助词,常用在句尾。"吧"有多种用法,在此句中"吧"表示一种祈使的语气,表示发表提议。例如：

吧 (ba) è una particella modale usata spesso alla fine della frase. La particella 吧 (ba) ha diversi impieghi, in questa frase indica un tono esortativo e sottintende una proposta. Es.:

> 你叫我保罗吧。／您叫我王丽吧。／你叫我王老师吧。

5 结构助词 "的"
La particella strutturale 的 (de)

在汉语里，修饰名词的定语要放在被修饰的中心语之前，定语和中心语之间要加结构助词"的"。例如：

In cinese, il determinante che modifica un nome precede il nome modificato, inoltre, tra determinante e nome determinato bisogna inserire la particella strutturale 的 (de). Es.:

> "大小"的"大" ／ "光明"的"明" ／ 你的名字很好听

1 辨别声母（注意声母的送气与不送气）
Distinguere le iniziali (facendo attenzione alla differenza tra aspirate e non aspirate)

ba—pa	da—ta	ga—ka	jia—qia	zha—cha
bo—po	de—te	ge—ke	jie—qie	zhu—chu
bu—pu	du—tu	gu—ku	jiu—qiu	zhai—chai
bai—pai	dai—tai	gai—kai	jian—qian	zai—cai
bao—pao	dao—tao	gao—kao	jiang—qiang	zang—cang

2 三声连读（三声 + 三声）
Leggere ad alta voce le seguenti sequenze di due terzi toni

nǐ hǎo	nǐ lǎo	nǐ pǎo	nǐ bǎo
hěn hǎo	hěn lǎo	hěn bǎo	hěn zǎo
měihǎo	fǔdǎo	běidǒu	pǎomǎ

3 半三声
Il mezzo terzo tono

hěn duō	hěn gāo	nǐ hē	lǎoshī
hěn bái	běnlái	nǐ lái	nǐ tāi
nǔlì	fǎnduì	měilì	mǐfàn

4 轻声
Il tono neutro

tā de	gēge	māma	duō ma
bié de	pútao	yéye	lái ba
bǎo le	pǎo le	hǎo ma	mǎi la
tàitai	dìdi	mèimei	lèi ma

5 认读并注音

Leggere e trascrivere in Pinyin

贵姓	姓	叫	请问	名字	是

怎么	称呼	高兴	认识	小姐

6 请把下面的词组成句子

Comporre delle frasi utilizzando le seguenti parole

1) 贵姓　　您　　小姐　　请问
2) 称呼　　怎么　　您
3) 名字　　保罗　　的　　我　　叫
4) 吗　　是　　你　　保罗
5) 高兴　　很　　认识　　你

7 交际会话

Conversazione

1) A: Nín guìxìng?

   B: Wǒ xìng Wáng, jiào Wáng Lì. Nǐ ne?

   A: Wǒ jiào Bǎolā. Rènshi nín hěn gāoxìng.

   B: Wǒ yě hěn gāoxìng rènshi nǐ.

2) A: Nín hǎo! Qǐngwèn, zěnme chēnghu nín?

   B: Nín hǎo! Wǒ jiào Lǐ Dàmíng, nín jiào wǒ Dàmíng ba. Nín shì Bǎoluó xiānsheng ma?

   A: Shìde. Dàmíng, nǐ de míngzi hěn hǎotīng!

   B: Xièxie!

中国人的姓名

　　中国人的姓名分姓和名两部分。姓在前，名在后。一个字的姓占多数，两个字的姓很少。名字一般是一个字或两个字。例如：李大明，"李"是姓，"大明"是名字。在用拼音书写时，姓与名要分开，开头的第一个字母都要大写。例如：Lǐ Dàmíng。

　　在中国，询问对方姓名的方式很多，其中"您（你）贵姓？"是一种比较礼貌的询问方式，常用于询问长辈、陌生人等。回答时，为了表示客气，常说"免贵姓……"或者直接说"我姓……"，而不能说"我贵姓……/我免贵姓……"；在介绍他人时也不能说"他/她贵姓……"。除此之外，还有"您（你）姓什么？""怎么称呼您（你）？"。回答这些询问时，一般只需回答姓，不必说名。例如：

　　您（你）贵姓？　　　　　　　　免贵姓张（Zhāng）。/我姓张。

　　你姓什么？　　　　　　　　　　我姓李。

　　怎么称呼您（你）？　　　　　　我姓林（Lín）。

　　此外，人们也常常用"您（你）叫什么名字？""你的名字是？"或"你（您）是？"来询问。一般来说，在汉语中，"名字"的含义有两种：（1）只指名，不包括姓；（2）包括姓和名。在实际交际中，一般指的是第二种，在回答时应同时涵盖姓和名。例如：

　　您叫什么名字？　　　　　　　　我叫李大明。

　　你的名字是？　　　　　　　　　我是王丽。

Nomi e cognomi in Cina

Il nome proprio di persona in cinese è suddiviso in due parti: cognome e nome. Il cognome precede sempre il nome. La maggior parte dei cognomi è composta da un solo carattere, pochi sono quelli composti da due caratteri. Il nome di solito è composto da uno o due caratteri. Per esempio in 李大明 (Lǐ Dàmíng), 李 (Lǐ) è il cognome, 大明(Dàmíng) è il nome. Nella trascrizione in Pinyin, cognome e nome vanno scritti separati, entrambi con l'iniziale maiuscola. Es.: Lǐ Dàmíng. In Cina esistono vari modi per chiedere a una persona come si chiama, tra questi 您(你)贵姓? (Nín/Nǐ guìxìng?) è una forma interrogativa piuttosto cortese, spesso impiegata per chiedere il nome a persone più anziane o sconosciute. Nella risposta, in senso di rispetto, si dice spesso: 免贵姓……(Miǎnguì xìng…), oppure si dice direttamente 我姓……(Wǒ xìng…). Oltre a ciò, esistono le forme: 您(你)姓什么? (Nín/Nǐ xìng shénme?)oppure 怎么称呼您(你)? (Zěnme chēnghu nín/nǐ?). Nella risposta è sufficiente dire il cognome, non occorre dire il nome. Es.:

您（你）贵姓？ 免贵姓张（Zhāng）。/我姓张。

你姓什么？ 我姓李。

怎么称呼您（你）？ 我姓林（Lín）。

Inoltre, per chiedere il nome si utilizzano spesso le formule 您(你)叫什么名字？(Nín/Nǐ jiào shénme míngzi?)，你的名字是？(Nǐ de míngzi shì？) oppure 你/您是？(Nǐ/Nín shì？). In cinese la parola 名字(míngzi) ha due significati:

1) Indica soltanto il nome, escluso il cognome; 2) comprende nome e cognome.

Di solito, 名字(míngzi) viene usato con il secondo significato. Perciò nel rispondere alla domanda bisogna dire sia il nome che il cognome. Per esempio:

您叫什么名字？ 我叫李大明。
你的名字是？ 我是王丽。

比一比　Lingue a confronto

语气词"吧"
La particella modale 吧

例句　❶　你叫我大明。Chiamami Daming.

❷　你叫我大明吧。Puoi chiamarmi Daming. (Se vuoi, chiamami Daming)

❸　A: 明天我们一起去学校。Domani andiamo insieme a scuola.
　　B: 好。Va bene.

❹　A: 明天我们一起去学校吧。Domani andiamo insieme a scuola, va bene?
　　B: 好吧。Va bene/ D'accordo.

小　结

从上面的汉语和意大利语的例句中我们可以看出，用语气词"吧"的例句语气比较柔和（如例句②和④），而不用"吧"的句子语气较重（如例句①和③）。此外，用"吧"有"建议和同意"的意思，从例句③和例句④的比较中我们可以看出这一点。

Sintesi: dagli esempi in cinese e italiano vediamo che la particella modale 吧 (ba) attenua il tono della frase (esempi ② e ④); quando non si usa la particella, invece, il tono è più forte (esempi ① e ③). Inoltre, la particella attribuisce alla frase il significato di "fare una proposta" e "dare il consenso": ciò è evidente confrontando gli esempi ③ e ④ .

第三课 你多大了
Terza lezione Quanti anni hai

课文 | Testo

汉语课文
Testo in cinese

1) A: 保罗，你今年多大了？
   B: 我二十岁。你呢？
   A: 我十九岁。
   B: 哈哈，我大，你小。

2) A: 芭芭拉，你家有几口人？
   B: 我家有四口人，爸爸、妈妈、哥哥和我。
   A: 你哥哥今年多大了？
   B: 他今年三十一岁。

3) A: 保拉，你有哥哥吗？
   B: 我没有哥哥，我有弟弟。

补充课文
Testo supplementare

我们来说数字
Diciamo i numeri

一 二 三 四 五 六 七 八 九 十 零
十一 十二 十九 二十 二十一 三十
九十九
一百 一百零一 一百零九 一百一十
一百二十六

一千　一千一百零一　　一千一百一十
一千一百一十一
一万　一万一千一百一十一　　一万零一
一万一千零一十

■ 汉语拼音课文
Testo in Pinyin

1) A:　Bǎoluó, nǐ jīnnián duō dà le?

   B:　Wǒ èrshí suì. Nǐ ne?

   A:　Wǒ shíjiǔ suì.

   B:　Hāhā, wǒ dà, nǐ xiǎo.

2) A:　Bābālā, nǐ jiā yǒu jǐ kǒu rén?

   B:　Wǒ jiā yǒu sì kǒu rén, bàba、
      māma、 gēge hé wǒ.

   A:　Nǐ gēge jīnnián duō dà le?

   B:　Tā jīnnián sānshíyī suì.

3) A:　Bǎolā, nǐ yǒu gēge ma?

   B:　Wǒ méiyǒu gēge, wǒ yǒu dìdi.

■ 汉语拼音补充课文
Testo supplementare in Pinyin

Wǒmen lái shuō shùzì

yī èr sān sì wǔ liù qī bā jiǔ shí líng

shíyī shí'èr shíjiǔ èrshí èrshíyī sānshí
jiǔshíjiǔ

yìbǎi　yìbǎi líng yī　　yìbǎi líng jiǔ

yìbǎi yīshí　　yìbǎi èrshíliù

yìqiān　　yìqiān yìbǎi líng yī

yìqiān yìbǎi yīshí

yìqiān yìbǎi yīshíyī

yíwàn　yíwàn yìqiān yìbǎi yīshíyī

yíwàn líng yī　　yíwàn yìqiān líng yīshí

词汇 Lessico

▲ 课文生词
Vocaboli

今年	（名）	jīnnián	quest'anno
多大		duō dà	quanti anni (quanto grande)
了	（助）	le	*particella modale*
二十	（数）	èrshí	venti
岁	（量）	suì	anno (d'età)
十九	（数）	shíjiǔ	diciannove
哈	（叹）	hā	*interiezione*
家	（名）	jiā	famiglia, casa
有	（动）	yǒu	avere
几	（数）	jǐ	quanti, alcuni
口	（量）	kǒu	*classificatore*
四	（数）	sì	quattro
爸爸	（名）	bàba	papà
妈妈	（名）	māma	mamma
哥哥	（名）	gēge	fratello maggiore
和	（连）	hé	e
他	（代）	tā	egli, lui

三十一	（数）	sānshíyī	trentuno	七	（数）	qī	sette
没	（副）	méi	non	八	（数）	bā	otto
弟弟	（名）	dìdi	fratello minore	十	（数）	shí	dieci
				零	（数）	líng	zero

▲ **补充课文生词**
Vocaboli supplementari

五	（数）	wǔ	cinque	百	（数）	bǎi	cento
六	（数）	liù	sei	千	（数）	qiān	mille
				万	（数）	wàn	diecimila

注 释 Note

1 拼音规则
Regole del *pinyin*

在拼音中当 j、q、x 和 ü 在一起的时候，要去掉"ü"上边的两点。例如：jü → ju、qü → qu、xü → xu。但 ü 与 l、n 相拼时，要保留两点。例如：nü、lü。这是很重要的一条汉语拼音规则，初学者一定要牢记。千万不要将 ju、qu、xu 中的"ü"读成"u"，虽然书写形式发生了变化，但读音并没改变。

Quando le iniziali j, q e x precedono la finale u, la dieresi sulla "ü" viene eliminata. Es. jü → ju, qü → qu, xü → xu. Invece, dopo le iniziali l e n la dieresi va mantenuta. Es.: nü, lü. Questa è una regola molto importante del pinyin che va memorizzata fin da subito per evitare di pronunciare le sillabe ju, qu e xu con la "u" invece che con la "ü". La pronuncia cambia nonostante la dieresi non sia indicata in tali sillabe.

2 汉语数词的表示法
I numeri in cinese

汉语的数词是以"一、二、三、四、五、六、七、八、九、十"为基础数词。"十"以上一百以下的数词，是"十"位数加上"个"位数。例如：

I numeri in cinese si basano sui seguenti numeri fondamentali: 一，二，三，四，五，六，七，八，九，十．I numeri superiori al dieci si compongono facendo seguire l'unità alla decina. Es.:

十一、十二、十三、十四、十五、十六、十七、十八、十九、二十、二十一、

二十二、二十三、二十四、二十五、二十六、二十七、二十八、二十九、三十、三十一、三十二、三十三、三十四、三十五、三十六、三十七、三十八、三十九、四十……

以此类推，一直到"九十九"，以后是"一百"（yībǎi）、"一千"（yìqiān）、"一万"（yíwàn）。

La numerazione è analoga fino a 九十九，dopo di che le unità successive sono 一百（yībǎi, cento），一千（yìqiān，mille）e 一万（yíwàn，mille）.

3 你今年多大了？／你哥哥今年多大了？
Quanti anni hai?/Quanti anni ha tuo fratello maggiore?

在这两个例句中，"了"是语气助词，表达形式是："形 + 了"。一般说来，动词或形容词后面加"了"可以表示一种变化已经完成，出现了新的情况。例如：

In queste due frasi ricorre la particella modale 了（le），secondo lo schema：aggettivo+ 了（le）. Di solito dopo il verbo o l'aggettivo la particella 了（le）indica che si è verificato un cambiamento ed è già in atto una nuova situazione. Es.:

（1）弟弟大了，应该（dovere）上学了（andare a scuola）。

　　Dìdi dà le, yīnggāi shàngxué le.

　　Il fratellino è diventato grande, deve andare a scuola.

（2）人老（vecchio）了，身体（salute）差（carente）了。

　　Rén lǎo le, shēntǐ chà le.

　　Quando si invecchia, la salute peggiora.

（3）他会（sa）说（parlare）汉语（lingua cinese）了。

　　Tā huì shuō Hànyǔ le.

　　Adesso sa parlare il cinese.

4 我二十岁。／他今年三十一岁。
Ho venti anni./Ha trentuno anni.

这是两个名词谓语句。在汉语中，由名词、数量词等直接作谓语的句子叫名词谓语句。这种句子主要用于表达时间、年龄、籍贯、数量。例如：

Questa è una frase con predicato nominale. In cinese, si chiamano frasi con predicato nominale le frasi in cui il nome o un'espressione numerale fungono direttamente da predicato. Questo tipo di frasi sono impiegate soprattutto per esprimere il tempo, l'età, la nazionalità, la quantità. Es.:

我二十一岁。

今天 (jīntiān, oggi) 星期三 (Xīngqīsān, mercoledì)。

5 爸爸、妈妈、哥哥和我
Papà, mamma, mio fratello maggiore e io

"和"是连词，用于连接名词或名词性结构，不能连接分句。如果有两种以上的相同事物，"和"应用在最后两组之间。例如：

和 (hé) è una congiunzione impiegata per coordinare nomi o gruppi nominali, ma non può coordinare frasi. Se si devono coordinare più di due elementi dello stesso tipo, 和 (hé) deve essere collocato fra gli ultimi due. Es.:

他会说英语、意大利语和汉语。

我有一个哥哥、一个妹妹和一个弟弟。

练习 | Esercizi

1 辨别声母、韵母
Distinguere le iniziali e le finali

ju—qu	qu—xu	ju—xu	ju—lu
nu—xu	lu—qu	lu—xu	nu—qu
nu—ju	jiao—qia	jiu—qiu	jie—pie
ju—nü	qu—pu	bu—xu	lu—lü
ju—lü	nu—nü	xu—ku	gu—qu

2 读下面的数字并写出拼音
Leggere i seguenti numeri e trascriverli in Pinyin

二_____   五_____   八_____   十_____   九_____   三_____

六_____   四_____   一_____   七_____   二十二_____

三十五_____   一百二十_____   三千五百一十四_____   九十九_____

五千二百六十_____   一万_____   一万二千零四十_____

3 用汉语读出下面的数字
Leggere in cinese i seguenti numeri

11   16   13   15   21   27   34   52   68   73   82   99   100

4 认读并注音
Leggere e trascrivere in Pinyin

多大	今年	岁	几	口	爸爸	妈妈

哥哥	和	他	零	百	千	万

5 完成下面的对话并注音
Completare il dialogo e poi trascriverlo in Pinyin

A: 您贵姓？

B: 我姓＿＿＿＿＿＿＿，叫＿＿＿＿＿＿＿。你的名字是？

A: ＿＿＿＿＿＿＿＿＿＿＿＿＿＿＿＿。

B: 你今年多大了？

A: ＿＿＿＿＿＿＿＿＿＿＿＿＿＿＿。你呢？

B: 我今年也二十五岁。

A: 你家有几口人？

B: ＿＿＿＿＿＿＿＿＿＿＿＿，爸爸、妈妈、哥哥和我。

A: 你哥哥多大了？

B: ＿＿＿＿＿＿＿＿＿＿＿＿＿。

6 阅读短文
Leggere il brano

我叫拉法（Lāfǎ），今年二十一岁。我家有四口人，爸爸、妈妈、哥哥和我。我爸爸叫保罗，今年五十五岁。我妈妈叫保拉，今年五十二岁。我哥哥叫阿德里(Ādélǐ)，今年二十四岁。

用手势表达数字

Indica i numeri con le dita

1 一 yī

2 二 èr

3 三 sān

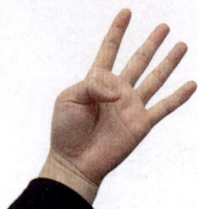

4 四 sì

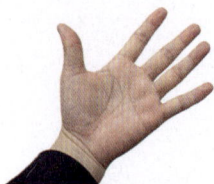

5 五 wǔ

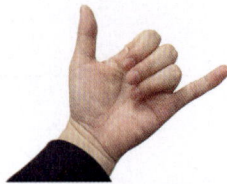

6 六 liù

7 七 qī

8 八 bā

9 九 jiǔ

10 十 shí

有趣的数字

数词在汉文化中占有重要地位，并有其深刻的文化内涵。

汉民族自古以来就尊崇数词"一"，认为"一"是万数之始、万事之源。而万事万物又统一成为一个整体，所以"一"就有"统一、完整、全部"之意。

数词"二"是偶数之首。汉民族向来尊崇偶数，认为偶数是大吉大利之数。无论是建筑艺术、城市布局，还是民间工艺，都讲究对称均衡之美。就连人们相互送礼，也讲究"送双不送单"，以取"成双成对"之意。

数词"三"是一个具有神秘色彩的数字，它充满变化。中国古代哲学家认为世界上最重要的是"天、地、人"三种东西，而天上又有"日、月、星"三种星体永远陪伴着人类。由此也就引起人们对"三"的崇拜心理。

在汉民族的心目中，"四"也是一个吉祥数字。古人认为，地是四方的，每一方有一个天帝主管。此外，天地之间有四根柱子撑着，天才掉不下来。由此"四"也就有了稳定的意思。但由于"四"与"死"读音相近，因此在有些方言区，人们认为"四"是一个不吉利的数字，忌讳说"四"。例如在广东，医院里没有4号病房，公共汽车没有4路，大厦楼层没有4层等。

数词"五"在汉文化中也是一个吉祥的数字。人们常常用"五"来概括事物。例如在古代有"五行"之说，即金、木、水、火、土。此外，"五谷"指稻、黍、稷、麦、豆五种粮食，也可以指所有的粮食作物。

"六"是"二"和"三"的倍数，也象征吉祥。人们常说"六六大顺"。

数词"七"自古就被汉民族崇拜为神圣数字。古人认为"七"这个有限的奇数象征无限的时间，是个大无穷的宇宙极数。"七"既然是极数、圣数，自然也是大吉大利之数。

数词"八"是一个受到大家喜爱的数字，这是因为它与"发"的读音相近，有些人认为"八"这个数字表示要发财，所以有些人喜欢买一个带有"八"的电话号码或车牌号码。每个月的8号、18号、28号，举行婚礼的人也特别多。

"九"是个位数中的最大数，表示最多、最高。又因为"九"与汉字"久"同音，人们常用"九"表示"长久"之意，所以它特别受到人们的喜爱，比如"天长地久"、"九九归一"等。

"十"表示数量多、程度高，达到顶点。自古以来，汉民族就有追求完美、圆满的审美心理，而数字"十"是完美圆满的象征，人们常说的"十全十美"就是这个意思。

Numeri interessanti

I numeri occupano una posizione importante nella cultura cinese e hanno un profondo valore culturale.

Il numero uno è sempre stato venerato dagli antichi cinesi di etnia Han, perché considerato "l'inizio delle dieci mila cose" ossia padre di tutte gli esseri e di tutti gli oggetti. Ma tutti gli esseri e gli oggetti formano un unico insieme, perciò "uno" in cinese significa anche "unità" e "completezza".

Il numero due è il primo dei numeri pari, i quali sono tutti suoi multipli. Per la principale etnia cinese, gli Han, i numeri pari erano oggetto di venerazione in quanto espressione di fortuna e prosperità. Sia nell'architettura, nell'urbanistica che nell'artigianato popolare si dava grande importanza alla bellezza della simmetria e dell'equilibrio. Perfino nel farsi dei doni esiste la regola di "regalare oggetti doppi e non singoli", con il significato di "formare una coppia".

Il numero tre è un numero carico di mistero e di significati, assai variabili. I filosofi cinesi antichi ritenevano che la cosa più importante al mondo fosse la triade "Cielo, Terra, uomo", inoltre in Cielo c'erano "Sole, Luna e Stelle", tre tipi di corpi celesti che avrebbero sempre accompagnato l'umanità. Per questo si formò un sentimento di adorazione per il "tre".

Agli occhi dei cinesi di etnia Han anche il "quattro" è un numero propizio. Gli antichi cinesi ritenevano che la terra fosse quadrata e che ogni lato fosse governato dal Signore del Cielo. Inoltre, fra terra e cielo svettavano quattro colonne che sostenevano quest'ultimo affinché non cadesse; perciò il "quattro" è divenuto simbolo di stabilità. Tuttavia, poiché "quattro" (四 sì) e "morte" (死 sǐ) in cinese hanno una pronuncia simile, in alcune aree dialettali il "quattro" è un numero sfortunato ed è un tabù nominarlo. Per esempio: nel Guangdong negli ospedali non esiste la stanza numero 4, non esiste l'autobus numero 4 e nei grattacieli non esiste il quarto piano.

Anche il numero "cinque" nella cultura cinese è un numero fortunato. Viene spesso usato per riassumere tutto l'esistente. Per esempio, nell'antichità esisteva la teoria dei "cinque elementi": ossia metallo, legno, acqua, fuoco e terra. Oltre a ciò, i "cinque cereali" indicano riso, miglio giallo, miglio glutinoso, frumento, legumi, collegati anche a tutti gli altri componenti dei cibi, ma l'espressione può essere usata anche per indicare la totalità dei cereali.

Il "sei", multiplo di "due" e di "tre", è un simbolo fausto ed è spesso usato nell'espressione 六六大顺 (liùliù-dàshùn) che significa "scorrevole e positivo".

Il numero "sette" è sempre stato venerato dagli antichi cinesi come numero sacro. Gli antichi ritenevano che questo numero dispari limitato simboleggi un tempo illimitato, esia il numero simbolico dell'universo infinito. Essendo un numero importante, sacro, il "sette" è considerato naturalmente un numero assai fortunato.

L' "otto" è un numero molto popolare in Cina: infatti la sua pronuncia (bā) è simile alla pronuncia del carattere 发 (fā), alcuni ritengono che il numero otto sia sinonimo di "arricchirsi" (da 发财 fācái). Per questo ci sono persone che acquistano un numero telefonico o una targa automobilistica che contenga l'"otto". Nei giorni 8, 18 e 28 di ogni mese si svolgono molti matrimoni.

Il "nove" è un numero dispari, il maggiore tra i numeri a una cifra, e per questo rappresenta il massimo. Inoltre, è omofono di 久 (jiǔ, duraturo, lungo), perciò viene utilizzato come sinonimo di "lunga durata, eternità", ed è molto apprezzato, come nelle espressioni(eterno e immutabile), 九九归一 (jiǔjiǔ-guīyī, in ultima analisi) ecc.

Il "dieci" indica una grande quantità o un alto grado, l'apice. Sin dall'antichità uno dei principi estetici dell'etnia Han era la ricerca della perfezione, della completezza di cui appunto il "dieci" è simbolo: proprio questo significato ha l'espressione cinese 十全十美 (shíquán-shíměi) "massima perfezione".

比一比 Lingue a confronto

汉语和意大利语中的"和"
La congiunzione "e" in cinese e in italiano

例句 ❶ 他和他的朋友们去电影院。Lui e i suoi amici vanno al cinema

❷ 我和你去电影院吗？ Andiamo al cinema io e te?

❸ 我做饭，你洗澡。Io cucino e tu fai la doccia.

❹ 我去电影院，他回家。Io vado al cinema e lui torna a casa.

小 结

从上面的例句我们可以看出，意大利语中的连词"e"与汉语中的连词"和"在用法上有区别。意大利语中的连词"e"既可以用在词与词之间（如例句①、②），也可以用来连接两个句子（如例句③、④）；而汉语的连词"和"只可用在词与词之间，不可用在句子与句子之间。因此，不要在汉语的句子里任意用"和"，否则会造成错误。例如：

Sintesi: la congiunzione 和 (hé) in cinese viene usata in modo diverso rispetto alla "e" italiana. In italiano "e" può essere usata per coordinare tra loro dei nomi e anche delle frasi; in cinese invece può coordinare soltanto nomi e non frasi. Perciò in cinese la congiuzion 和 (hé) non deve essere impiegata arbitrariamente, ma solo quando sia necessaria. Es.:

(√) 我大，你小。
(×) 我大和你小。
(√) 我妈妈四十五岁，爸爸五十岁。
(×) 我妈妈四十五岁和爸爸五十岁。
(√) 我有哥哥，他也有哥哥。
(×) 我有哥哥和他也有哥哥。

第四课　你是哪国人

Quarta lezione　Di che Paese sei

课文 | Testo

汉语课文
Testo in cinese

1) A: 保罗，你是哪国人？
   B: 我是法国人。
   A: 芭芭拉和保拉呢？
   B: 她们都是意大利人。

2) A: 先生，您是日本人吗？
   B: 不是，我是中国人。
   A: 对不起。
   B: 没关系。

补充课文
Testo supplementare

我来自北京
Sono di Pechino

1) A: 您好！请问，您是哪国人？
   B: 我是中国人。你呢？
   A: 我是意大利人。中国很大，很漂亮！
   B: 谢谢。意大利很小，也很漂亮！

2) 我叫保罗，我是法国人，来自巴

黎。她叫芭芭拉，她不是法国人，她是意大利人，她来自罗马。这是王丽，那是李大明，他们都是中国人。王丽是上海人，李大明是北京人。我们都是好朋友。

■ 汉语拼音课文
Testo in Pinyin

1) A: Bǎoluó, nǐ shì nǎ guó rén?

   B: Wǒ shì Fǎguórén.

   A: Bābālā hé Bǎolā ne?

   B: Tāmen dōu shì Yìdàlìrén.

2) A: Xiānsheng, nín shì Rìběnrén ma?

   B: Bú shì, wǒ shì Zhōngguórén.

   A: Duìbuqǐ.

   B: Méi guānxi.

■ 汉语拼音补充课文
Testo supplementare in Pinyin

Wǒ lái zì Běijīng

1) A: Nín hǎo! Qǐngwèn, nín shì nǎ guó rén?

   B: Wǒ shì Zhōngguórén. Nǐ ne?

   A: Wǒ shì Yìdàlìrén. Zhōngguó hěn dà, hěn piàoliang!

   B: Xièxie. Yìdàlì hěn xiǎo, yě hěn piàoliang!

2) Wǒ jiào Bǎoluó, wǒ shì Fǎguórén, lái zì Bālí. Tā jiào Bābālā, tā bú shì Fǎguórén, tā shì Yìdàlìrén, tā lái zì Luómǎ. Zhè shì Wáng Lì, nà shì Lǐ Dàmíng, tāmen dōu shì Zhōngguórén. Wáng Lì shì Shànghǎirén, Lǐ Dàmíng shì Běijīngrén. Wǒmen dōu shì hǎo péngyou.

词汇 Lessico

▲ 课文生词
Vocaboli

哪	（代）	nǎ	quale
国	（名）	guó	nazione, stato
人	（名）	rén	uomo
她	（代）	tā	ella, lei
她们	（代）	tāmen	esse, loro
不	（副）	bù	no, non
对不起	（动）	duìbuqǐ	scusi, scusa

没关系	méi guānxi	non importa

▲ 课文专有名词
Nomi propri

法国	（国名）	Fǎguó	Francia
意大利	（国名）	Yìdàlì	Italia
日本	（国名）	Rìběn	Giappone
中国	（国名）	Zhōngguó	Cina

▲ **补充课文生词**
Vocaboli supplementari

漂亮	（形）	piǎoliang	bello
来	（动）	lái	venire
自	（介）	zì	da
这	（代）	zhè	questo
那	（代）	nà	quello
他们	（代）	tāmen	essi, loro
我们	（代）	wǒmen	noi

朋友 （名） péngyou amico

▲ **补充课文专有名词**
Nomi propri supplementari

巴黎	（地名）	Bālí	Parigi
罗马	（地名）	Luómǎ	Roma
上海	（地名）	Shānghǎi	Shanghai
北京	（地名）	Běijīng	Pechino

注释 Note

1 拼音规则
Regole del *pinyin*

1）当韵母 i、in、ing 自成音节时，要在 i、in、ing 前面加上 y；当 i 作为开头音节时，应改写成 y。例如：

Quando le finali i, in e ing costituiscono da sole una sillaba devono essere precedute da una y; quando la i ricorre all'inizio di una sillaba, deve essere sostituita dalla y. Es.:

i → yi	in → yin	ing → ying	
ia → ya	ian → yan	iang → yang	iao → yao
ie → ye	iong → yong	iou → you	

2）元音 u 自成音节时，要在 u 前面加 w，写成 wu；当 u 作为开头音节时，应改写成 w。例如：

Quando la vocale u costituisce da sola una sillaba, deve essere preceduta da una w, diventando wu; quando la u ricorre all'inizio di una sillaba deve essere sostituita dalla w. Es.:

u → wu	uai → wai	uang → wang	ua → wa
uei → wei	ueng → weng	uo → wo	uen → wen

3）元音 ü 在自成音节或作为开头音节时，前面都要加上 y，并要去掉 ü 上的两点。

例如：

Quando la vocale ü costituisce da sola una sillaba, oppure quando ricorre all'inizio di una sillaba, deve essere preceduta da una y, e la dieresi viene omessa. Es.:

ü → yu   üan → yuan   üe → yue   ün → yun

2 声母 zh、ch、sh、r 和 z、c、s
Le iniziali zh, ch, sh, r e z, c, s

zh、ch、sh、r 是舌尖后音。读这组音时，舌尖要上卷。zh 是不送气音，ch 是送气音。r 的发音部位和 sh 一样。但是 r 是浊音，发音时声带需振动。z、c、s 是舌尖前音，其中 z 是不送气音，c 是送气音。

Le iniziali zh, ch, sh, r sono consonanti retroflesse. Vanno pronunciate sollevando e rovesciando la punta della lingua. zh non è aspirata, ch invece è aspirata. r viene articolata nella stesso punto di articolazione di sh, ma a differenza di questa è sonora, viene articolata cioè facendo vibrare le corde vocali. z, c, s sono consonanti dentali. La z non è aspirata, la c invece è aspirata.

3 现代汉语的句子成分
Componenti della frase nel cinese moderno

现代汉语的句子，一般是由主语、谓语和宾语三个基本成分和附加修饰成分构成。主语和宾语的前面可以有定语。定语是用来修饰、限定主语和宾语的。谓语前面可以有状语。状语表示谓语的情态、程度、范围、时间、处所等；谓语后面可以有补语，用来补充说明谓语的结果、程度、时间、处所、数量等。汉语句子的排列顺序如下：

（定语）主语 + ［状语］ 谓语〈补语〉+（定语）宾语

用符号表示如下：

主语 ══ 谓语 ── 宾语 ﹏﹏ 定语（ ）状语［ ］补语〈 〉

例如：

La frase nel cinese moderno è normalmente composta dai tre elementi fondamentali soggetto, predicato e oggetto e da elementi modificatori aggiuntivi. Il soggetto e l'oggetto possono essere preceduti da determinanti nominali. Il determinante nominale svolge la funzione di modificare e limitare il soggetto e l'oggetto. Il predicato può essere preceduto da determinanti verbali. Il determinante verbale esprime lo stato, il grado, l'ambito, il tempo, il luogo ecc. che caratterizzano il predicato. Il predicato può essere seguito da un complemento, che fornisce spiegazioni supplementari sul risultato, il grado, il tempo, il luogo e la quantità che caratterizzano l'azione o la situazione espressa dal predicato. L'ordine di successione degli elementi che compongono la frase è il seguente:

(determinante nominale) soggetto [determinante verbale] predicato <complemento>

(determinante nominale) oggetto

Rappresentiamo gli elementi costitutivi della frase con i seguenti simboli:

soggetto ═══ predicato ─── oggetto 〰〰 det. nom. (   ) det. verb. [   ]

complemento 〈   〉

Es.:

（他）哥哥是老师。

他们［都］是（中国）人。

她［不］是（我的）老师。

（我的）朋友来〈自罗马〉。

4 汉语否定词"不"和"没"
Le negazioni 不 (bù) e 没 (méi)

"不"和"没"是汉语中常用的两个否定词。最简单地说,"不"应用在"是"的前面,而"没"应用在"有"的前面。当然,"不"和"没"之间还有很多区别和用法,以后我们将陆续学到。例如:

不 (bù) e 没 (méi) sono due negazioni molto comuni in cinese. Per dirla in modo molto semplice, 不 (bù) è usato davanti al verbo "essere" 是 (shì), mentre 没 (méi) è usato davanti al verbo "avere" 有 (yǒu). Naturalmente esistono altre differenze tra le due negazioni e altri modi d'uso, che verranno illustrati più avanti. Esempi:

我不是法国人,我是意大利人。
他不是我哥哥,他是我的朋友。
我没有哥哥,我有弟弟。
我没有法国朋友,我有意大利朋友。

5 后缀"们"
Il suffisso 们

在表单数的人称代词或指人的名词后面加上"们",表示复数。例如:

Il suffisso 们 (men) si aggiunge ai sostituiti nominali di persona o ai nomi di persona per indicare il plurale. Es.:

我 + 们——我们　　　　　　人 + 们——人们

你 + 们——你们　　　　　　老师 + 们——老师们

他 / 她 + 们——他们 / 她们　　朋友 + 们——朋友们

有两点需要注意：1）非指称人的名词和代词后一般都不可以加"们"来表示复数，例如，不可以说"桌子们"、"狗们"。但有一个例外，指称动物的代词"它"可以有复数形式"它们"，例如，"我家有很多狗，它们很可爱"。2）数量词不可以加在复数形式"……们"前，例如，不可以说"三个朋友们"、"五个哥哥们"，只可以说"三个朋友"、"五个哥哥"。

Attenzione: 1) il suffisso 们 (men) non può essere aggiunto per formare il plurale a nomi e sostituti che non siano di persona: non si può dire, per esempio, 桌子们 (zhuōzimen, per dire "tavoli") o 狗们 (gǒumen, per dire "cani"); tuttavia c'è una eccezione, per il sostituto di terza persona usato per indicare animali 它 (tā): si può dire quindi 我家有很多狗，它们很可爱 (wǒ jiā yǒu hěn duō gǒu, tāmen hěn kě'ài, a casa ho molti cani, essi sono molto carini).

2) in presenza di numeri non può essere utilizzato il suffisso del plurale, per esempio, non si può dire 三个朋友们 (sān gè péngyǒumen, tre amici), 五个哥哥们 (wǔ gè gēgemen, cinque fratelli); si può dire soltanto 三个朋友 (sān gè péngyǒu) e 五个哥哥 (wǔ gè gēge).

6 我是法国人，来自巴黎。/ 她来自罗马。
Io sono francese, di Parigi./ Lei è di Roma.

本句中的"自"是介词，和后面的名词一起组成介词词组，作补语。在这里作处所补语，用在动词的后面。再如：

In questa frase 自 (zì) è preposizione, insieme al nome che la segue forma un sintagma preposizionale in funzione di complemento. In questo caso è un complemento locativo e ricorre in posizione post-verbale. Ecco altri esempi:

他们都来自中国的北京，我们都来自意大利的罗马。

保罗和我都来自法国的巴黎。

1 辨音辨调练习（注意 i、u、ü 的书写变化）
Distinguere la pronuncia e il tono (notare le variazioni grafiche di i, u e ü)

yīyuǎn	yìyǎn	yuányīn	yīnyuè
yǒuyuán	yǔyán	yùyán	yànyǔ
wúwèi	wǒ wèn	wénwǔ	wàiwén
wāngyáng	wúyǒng	wēiyán	wàiyǒng

2 辨音辨调练习（注意平翘舌）
Distinguere la pronuncia e il tono (notare il sollevamento della lingua)

chī cǎo	chízǎo	zǎoshang	zǎochén
zhūzi	cāishì	chīcù	shísì
sìshí	sīshì	zìrán	suīrán
suìchū	zhìcí	rùzuò	ránshāo

3 认读并注音
Leggere e trascrivere in Pinyin

哪	那	这	国	人	不	对不起

没关系	我们	你们	他们	她们	来自	朋友

4 请把下面的词组成句子
Comporre delle frasi utilizzando le seguenti parole

1) 都　意大利　她们　是　不　人
2) 也　中国　大　很　漂亮　很
3) 都　中国　我们　自　北京　来
4) 是　请问　哪　国　您　人

5 请将下面划线的单数名词变成复数形式并朗读句子
Trasformare i nomi singolari sottolineati in plurali, quindi leggere a voce alta

1) 他问我是哪国人。

2) 你来自中国北京吗？

3) 他们是你的爸爸和妈妈吗？

4) 我的爸爸、妈妈都很漂亮。

5) 我很高兴认识李大明。

6) 他的名字很好听。

6 请在下面的括号内正确填上"不"或"没"
Inserire correttamente 不 (bù) o 没 (méi) negli spazi

1) 我们（　　）是法国人，也（　　）是德国人（Déguórén），我们是意大利人。

2) 我（　　）有哥哥，也（　　）有弟弟。

3) 我（　　）有汉语名字。

4) 她们（　　）是来自罗马，是来自巴黎。

5) 对不起，他们（　　）是日本人，是中国人。

6) 请问，你们都（　　）有中国朋友吗？

7 交际会话
Conversazione

1) A: Bǎoluó, nǐ shì nǎ guó rén?

   B: Wǒ shì Fǎguórén.

   A: Bābālā ne?

   B: Tā shì Yìdàlìrén.

   A: Bǎolā yě shì Yìdàlìrén ma?

   B: Bǎolā yě shì Yìdàlìrén.

2) A: Xiānsheng, nín shì Rìběnrén ma?

   B: Bú shì, wǒ shì Zhōngguórén.

   A: Duìbuqǐ.

   B: Méi guānxi. Nín shì nǎ guó rén?

   A: Wǒ shì Yìdàlìrén. Zhōngguó hěn dà, yě hěn piàoliang!

   B: Xièxie. Yìdàlì hěn xiǎo, yě hěn piàoliang!

中国人的称呼

在中国，第一次和对方见面，一般采用"姓＋先生"、"姓＋小姐／女士"来称呼对方，这是社交场合中最普遍、最正式的称呼。例如，李先生、王小姐／女士。

中国大陆地区的妇女，结婚以后也不用改变姓名。如对方已经结婚了，你仍可以称呼她的姓名或称她为"小姐／女士"。但如果你同时见到她和她的丈夫，而且知道她的丈夫姓"李"，你可以称她为"李太太"或"李夫人"。

如果对方是和你经常见面的邻居、同学或者同事，你可以不用"李先生"、"王小姐"这样的正式称呼。如果对方的年纪比你小，或者和你差不多，你可以叫他们"小李"、"小王"，或直接叫他们的全名，如"李大明"、"王丽"。如果对方的年纪比你大很多，你可以在对方的姓前面加上"老"字，例如，"老李"、"老王"。

如果对方是你非常熟悉的朋友，而且年龄和你差不多，你也可以省去姓，直接叫他／她的名字，这样会显得比较亲热，如"大明"。但如果对方的名字只有一个字，则必须称呼全名，不可只叫对方的名字。如，"王丽"不能只叫她"丽"。这是因为如果只叫对方一个字，说明两人的关系非常亲密，一般来说，只有恋人或家里人才可以这样叫，一般的朋友千万不可以随便叫，否则会闹出笑话。

La cultura degli appellativi

In Cina, quando ci si incontra per la prima volta ci si rivolge all'interlocutore usando la formula "cognome + signore" o "cognome + signorina/signora", questa è la forma di saluto più corretta e diffusa. Per esempio, Lǐ xiānsheng (signor Li), Wǎng xiǎojiě/nǚshì (signorina/signora Wang).

Nella Cina continentale, le donne sposate non cambiano il loro cognome, le si può chiamare con il loro cognome e si può inoltre usare l'appellativo xiǎojiě 小姐 / nǚshì 女士. Tuttavia, se incontrate una donna insieme a suo marito, e sapete che lui si chiama Li di cognome, potete rivolgervi a lei con l'espressione 李太太 "Lǐ tàitai" o 李夫人 "Lǐ fūrén" (signora Li).

Quando il vostro interlocutore è una persona che vedete spesso, come un vicino di casa, un compagno di scuola o un collega, potete fare a meno di usare espressioni formali come "signor Li" o "signorina Wang", e chiamarli direttamente Xiao Li o Xiao Wang (usando il termine 小 xiǎo davanti al cognome), oppure direttamente con il loro cognome e nome per intero, come: Li Daming, Wang Li. Ma se la persona è molto più grande di voi, è meglio usare il prefisso 老 lǎo: per esempio Lao Li, Lao Wang.

Se si tratta di un caro amico o di una persona che conoscete molto bene, più o meno della vostra stessa età, potete chiamarlo semplicemente per nome, ciò suonerà molto affettuoso e confidenziale. Per esempio: Daming. Tuttavia, se il suo nome è monosillabico (come accade spesso in cinese) dovrete usare cognome e nome per intero. Per esempio: Wang Li non può essere chiamata soltanto Li. In questo caso, infatti, usare soltanto un nome monosillabico è segno di grande intimità ed è concesso soltanto ai membri di una coppia o all'interno di una famiglia, mai con gli amici, perché suonerebbe ridicolo.

汉语和意大利语的形容词作谓语
Gli aggettivi in funzione predicativa in cinese e in italiano

例句

1 我很好。（√）Io <u>sto bene</u>.

2 我是很好。（×）

3 我很忙，保罗也很忙。（√）<u>Sono occupato</u>, anche Paolo <u>è occupato</u>.

4 我是很忙，保罗也是很忙。（×）

小 结

通过上面的例句我们可以看出，汉语形容词在句中可以直接作谓语，不需要在形容词前再加动词；而意大利语形容词不可直接作谓语，必须在形容词前面加动词（见意大利语例句①和③）。这一区别，初学汉语者一定要注意。

Sintesi: osservando gli esempi si può notare che gli aggettivi in cinese possono ricoprire direttamente la funzione di predicati senza bisogno di essere preceduti da un verbo; in italiano, invece, ciò non è possibile, c'è sempre bisogno di un verbo (si vedano le frasi italiane ① e ③). Nella fase iniziale dello studio del cinese è necessario fare molta attenzione a questa differenza.

第五课　介绍一下儿
Quinta lezione　Presentazioni

课文 Testo

■ 汉语课文
Testo in cinese

1) A: 我来介绍一下儿，这位是王老师，她是我和保拉的汉语老师。这是李大明，他是律师，也是我的好朋友。

   B: 您好，王老师。

   C: 您好，李先生。

   B: 王老师，这是我的名片。

   C: 谢谢。认识您很高兴。

2) A: 你们好！我叫王丽，是中国人。我是北京大学的老师。

   B: 大家好！我是保拉，是意大利人，我是威尼斯大学的学生。

   C: 我叫保罗，是法国人，我是工程师。请多关照！

■ 补充课文
Testo supplementare

你爸爸做什么工作？
Che lavoro fa tuo papà?

A: 保拉，你爸爸做什么工作？

B: 他是经理，在一家公司工作。

A: 你妈妈呢？

B: 她在家，她不工作。

A: 你哥哥在哪儿工作？

B: 他在银行工作，他是银行的职员。

A: 我知道你是学生，你学习什么？

B: 我学习汉语和法语。以后请多关照！

■ 汉语拼音课文
Testo in Pinyin

1) A: Wǒ lái jièshào yíxiàr, zhè wèi shì Wáng lǎoshī, tā shì wǒ hé Bǎolā de Hànyǔ lǎoshī. Zhè shì Lǐ Dàmíng, tā shì lǜshī, yě shì wǒ de hǎo péngyou.

   B: Nín hǎo, Wáng lǎoshī.

   C: Nín hǎo, Lǐ xiānsheng.

   B: Wáng lǎoshī, zhè shì wǒ de míngpiàn.

   C: Xièxie. Rènshi nín hěn gāoxìng.

2) A: Nǐmen hǎo! Wǒ jiào Wáng Lì, shì Zhōngguórén. Wǒ shì Běijīng Dàxué de lǎoshī.

B: Dàjiā hǎo! Wǒ shì Bǎolā, shì Yìdàlìrén, wǒ shì Wēinísī Dàxué de xuésheng.

C: Wǒ jiào Bǎoluó, shì Fǎguórén, wǒ shì gōngchéngshī. Qǐng duō guānzhào!

■ 汉语拼音补充课文
Testo supplementare in Pinyin

Nǐ bàba zuò shénme gōngzuò?

A: Bǎolā, nǐ bàba zuò shénme gōngzuò?

B: Tā shì jīnglǐ, zài yì jiā gōngsī gōngzuò.

A: Nǐ māma ne?

B: Tā zài jiā, tā bù gōngzuò.

A: Nǐ gēge zài nǎr gōngzuò?

B: Tā zài yínháng gōngzuò, tā shì yínháng de zhíyuán.

A: Wǒ zhīdào nǐ shì xuésheng, nǐ xuéxí shénme?

B: Wǒ xuéxí Hànyǔ hé Fǎyǔ. Yǐhòu qǐng duō guānzhào!

▲ 课文生词
Vocaboli

介绍	（动）	jièshào	presentare
一下儿		yíxiàr	un po', un momento
位	（量）	wèi	*classificatore*
老师	（名）	lǎoshī	insegnante
律师	（名）	lǜshī	avvocato
名片	（名）	míngpiàn	biglietto da visita
大学	（名）	dàxué	università
大家	（代）	dàjiā	tutti
学生	（名）	xuésheng	studente
工程师	（名）	gōngchéngshī	ingegnere
请	（动）	qǐng	pregare
多	（副）	duō	molto
关照	（动）	guānzhào	aver cura di, aiutare

▲ 课文专有名词
Nomi propri

汉语	（语言名）	Hànyǔ	lingua cinese

威尼斯　（地名）　　Wēinísī　Venezia

▲ 补充课文生词
Vocaboli supplementari

做	（动）	zuò	fare
什么	（代）	shénme	cosa
工作	（名、动）	gōngzuò	lavoro; lavorare
经理	（名）	jīnglǐ	manager, direttore
在	（介）	zài	in, a
公司	（名）	gōngsī	società, compagnia
哪儿	（代）	nǎr	dove
银行	（名）	yínháng	banca
职员	（名）	zhíyuán	impiegato
知道	（动）	zhīdào	sapere
以后	（名）	yǐhòu	dopo

▲ 补充课文专有名词
Nomi propri supplementari

法语	（语言名）	Fǎyǔ	lingua francese

注 释 Note

1 "er" 和 "儿化韵"
"er" e l'arrotamento

1）卷舌韵母

发er音时，先把舌位放至发e音的位置，然后在将舌尖轻轻上翘的同时发音。

Finali retroflesse. Per articolare il suono "er" bisogna prima mettere la lingua nella posizione in cui si articola il suono e, quindi emettere il suono sollevando lievemente la punta della lingua.

2）韵母er与前边的韵母结合，使前边的韵母变为卷舌音，这叫作"儿化韵"。拼音的写法是在原韵母之后加"r"；汉字的写法是在原汉字之后加"儿"。例如：

La fusione tra la finale er e la finale di un'altra sillaba che la precede trasformando quest'ultima in retroflessa viene chiamata "arrotamento". Nella trascrizione in *pinyin* questo fenomeno viene segnalato aggiungendo una "r" alla finale della sillaba. Nella scrittura in caratteri si aggiunge il carattere 儿 (ér). Es.:

> yìdiǎnr（一点儿，un po'） zhèr（这儿，qui） nàr（那儿，ci）

2 "一" 的变调
Variazioni di tono nel carattere 一 (yī)

数词"一"的本调是第一声，在单独念、数数（shǔshù）或读号码时，读本调。"一"的发音根据后面音节的声调而发生改变。"一"后面的音节是第一、第二、第三声时，"一"读成第四声。"一"后面的音节是第四声时，"一"读成第二声。例如：

Il tono originario del numero 一 (yī) è il primo tono: quando viene pronunciato da solo, contando, oppure nella lettura di un numero, si pronuncia secondo il tono originario. Il tono di 一 (yī) varia a seconda del tono della sillaba che lo segue. Quando la sillaba che lo segue è al primo, secondo o terzo tono, 一 (yī) si pronuncia al quarto tono. Se è seguito da una sillaba al quarto tono, 一 (yī) si pronuncia al secondo tono. Es.:

> yì shuāng   yì céng   yì běn
> yí duàn   yí liǎng   yí tàng

3 量词
Classificatori

量词是汉语里特有的词类（如第三课中我们学过的"口"和本课中的"位"、"家"都是量词）。数词修饰名词时，中间要加量词。名词不同，用的量词也不同。"个"是应用最广泛的量词。例如：

Quella dei classificatori è una categoria linguistica tipica del cinese (cui appartengono per esempio 口 (kǒu), presente nella terza lezione, oppure 位 (wēi) e 家 (jiā) in questa lezione. Quando un numerale precede un nome tra i due bisogna inserire un classificatore. Nomi diversi richiedono classificatori diversi. 个 (gē) è il classificatore più diffuso. Es.:

一个人　　一个学生　　一个／位老师　　一个／家银行

4 我来介绍一下儿
Mi presento

本句中的"来"不同于第四课中的动词"来"。本句的"来"用在动词前面，表示要做某事；也可以省略不用，句子意思不变。

In questa frase il verbo 来 (lái) è usato diversamente rispetto alla quarta lezione: qui ricorre davanti a un altro verbo per indicare l'intenzione di compiere un'azione. In effetti 来 (lái) potrebbe essere omesso senza che il senso della frase ne venga alterato.

我来介绍一下儿。　　＝　　我介绍一下儿。

你们来认识一下儿。　　＝　　你们认识一下儿。

此句的"一下儿"用在动词后面，表示做一次或试着做，也可表示短暂的时间。例如：

In questa frase l'espressione 一下儿 (yí xiàr) usata dopo il verbo indica un'azione compiuta una volta o un tentativo, indica anche che la durata dell'azione è breve. Es.:

介绍一下儿　　　　认识一下儿　　　　问一下儿

5 他在一家公司工作／他在银行／她在家
Lavora in un'azienda/Lui è in banca/Lei è a casa

现代汉语中的"在"既可以作介词，又可以作动词和副词，这要看具体的语境。例如，"他在一家公司工作"中的"在"是介词，"在"和后面的名词一起组成介词词组，作地点状语，用在动词的前面。而"他在银行"和"她在家"中的"在"是动词，表示"存在"。动词"在"一般用来表示人或事物存在的处所或位置。"在"在句子中也可以作副词，例如"他在学习"和"他在工作"两个句子中的"在"都是副词，有"正在"的意思。用在动词前面，表示动词所进行的动作正在进行。例如：

Nel cinese moderno 在 (zài) può essere preposizione, o anche verbo o avverbio, a seconda del contesto. Per esempio nella frase 他在一家公司工作 (tā zài yì jiā gōngsī gōngzuò), 在 (zài) è preposizione, forma con il nome che la segue un sintagma preposizionale in funzione di determinante verbale. In questo esempio il determinante indicante il luogo precede il verbo. Nella frase 他在银行 (tā zài yínháng) / 她在家 (tā zài jiā), invece, 在 (zài) è verbo, indica esistenza. Il verbo 在 (zài) è usato di solito per introdurre il luogo o la posizione in cui si trova una persona o una cosa. Infine, 在 (zài) può essere anche avverbio, con il significato di 正在 (zhèngzài): precede il verbo indicando che l'azione si sta compiendo. Per es.:

他在罗马大学学习汉语。（句中"在"为介词）［qui 在（zài）è preposizione］

现在他在公司，你去找（zhǎo，cercare）他吗？（句中"在"为动词）［qui 在 (zài）è verbo］

我在工作，你一个人去大学好吗？（句中"在"为副词）［qui 在（zài）è avverbio］

6 请多关照
Mi affido al suo aiuto

1）这是初次见面时常用的一句客套话，意思是说"多关心、多照顾"。

2）相互熟悉，请求对方以后提供方便或给予优厚的待遇时也常用。

1）È un'espressione di cortesia spesso usata nella lingua parlata al primo incontro. Significa "essere gentile e premuroso".

2）Viene spesso usata anche nel chiedere all'interlocutore, quando è persona che si conosca bene, di fornire aiuto o un trattamento di favore.

练习 Esercizi

1 读下面的儿化音节
Leggere i seguenti esempi di arrotamento

xiǎoháir	hǎowánr	méishìr	liáotiānr
yìdiǎnr	yíxiàr	yíhuìr	yíkuàir

yǒudiǎnr	chànggēr	yǎnjìngr	huā huàr
qùnǎr	qùnǎr	zàinǎr	zàinǎr

2 读下面的拼音，注意"一"的变调
Leggere le seguente espressioni in Pinyin, notando le variazioni di tono di 一

yì fēng	yì tiān	yì zhāng	yì kē
yì céng	yì nián	yì huí	yì tiáo
yì běn	yìdiǎn	yì chǎng	yì bǎ
yí gè	yí liàng	yí duàn	yí kē

3 认读并注音
Leggere e trascrivere in Pinyin

律师	名片	大学	大家	一下儿	学生	工程师	多	请

关照	经理	哪儿	银行	职员	知道	以后	老师	法语

汉语	公司	工作	做	什么	介绍	在	位	威尼斯

4 请把下面的词组成句子
Comporre delle frasi utilizzando le seguenti parole

1) 介绍　我　这　来　一下儿　老师　位　汉语
2) 哥哥　工作　什么　你　做
3) 爸爸　在　我　大　公司　一家　工作
4) 是　她　汉语　和　老师　我　保罗　的

5 请正确选择下面的量词填空
Inserire negli spazi il classificatore corretto

家	位	口	个

1) 我家有三（　　）人。

2) 我妈妈在一（　　）大学工作。

3) 我哥哥在一（　　）银行工作。

4) 这（　　）是我的汉语老师。

5) 我有一（　　）中国朋友。

6 交际会话
Conversazione

1) A: Bǎolā, nǐ bàba zuò shénme gōngzuò?

   B: Tā shì lǜshī.

   A: Nǐ māma ne?

   B: Tā zài jiā, tā bù gōngzuò.

   A: Nǐ gēge zài nǎr gōngzuò?

   B: Tā zài yínháng gōngzuò, tā shì yínháng de zhíyuán.

2) A: Nín hǎo, Wáng lǎoshī.

   B: Nín hǎo, Lǐ xiānsheng.

   A: Wáng lǎoshī, zhè shì wǒ de míngpiàn.

   B: Xièxie. Rènshi nín hěn gāoxìng.

7 阅读短文
Leggere il brano

你们好，我来介绍一下儿。我叫芭芭拉，是意大利人，今年二十三岁，来自意大利的罗马。我家有四口人，有爸爸、妈妈、哥哥和我。我妈妈是法国人，她今年四十九岁，她是律师。我爸爸是意大利人，今年五十六岁，他是工程师。我哥哥今年二十七岁，在一家银行工作，他是职员。我是大学生，在威尼斯大学学习汉语和法语。

中国人的见面礼节

第一次见面、道别等正式场合，中国人使用正式的握手礼。一般来说，小辈、下级不能主动要求和长辈、上级握手，男士也最好不要主动去和女士握手。在与长辈和上级握手时，还要弯一下腰表示尊敬。

第一次见面握手，应该是轻轻地握手，只是轻轻地握住手指部分。中国人不习惯身体接触，因此不用拥抱、接吻来表示礼节。男女熟人之间在大部分情况下是不拥抱、亲吻的，即使在家里，成年的父子、母女之间也不常拥抱。

中国还有"点头礼"和"鞠躬礼"。"点头礼"比"握手礼"随便，也更常用。一般两个人第一次见面时握手，以后见面只要点点头、打个招呼就可以了。"鞠躬礼"是表示尊敬的正式礼节。如果一方年纪大、地位高，另一方应该向对方鞠躬。

中国的传统礼节还有"叩头"和"拱手"。今天，这种礼节在日常生活中已经很少用了，只有在祭拜祖先、神佛的时候用。

L'etichetta cinese dei saluti

In Cina quando ci incontra o ci si congeda in una circostanza ufficiale, ci si scambia una stretta di mano; una persona appartenente a una generazione più giovane o un subordinato, in genere, non dovrebbe tendere per primo la mano a una persona più anziana o a un superiore, così come un uomo non dovrebbe tenderla per primo a una donna. Stringendo la mano, la persona più giovane o il subordinato si inchina leggermente in segno di rispetto.

Al primo incontro la stretta deve essere molto leggera e toccare solo le dita della mano. In Cina, dove le persone non sono molto abituate al contatto fisico, non si usa baciarsi e abbracciarsi come forma di saluto. Di solito un uomo e una donna che si conoscono bene non si salutano con un abbraccio o un bacio sulla guancia, e persino in famiglia, tra genitori e figli adulti, è raro che ci si abbracci.

In Cina esiste poi l'uso di salutare con un cenno del capo o con un inchino. La prima forma di saluto è più informale e più comune rispetto alla stretta di mano. Di solito, dopo il primo incontro in cui ci si stringe la mano, due persone passano poi a salutarsi direttamente con un cenno della testa. L'inchino invece è una forma di saluto ufficiale che esprime un profondo rispetto, e si rivolge a una persona più anziana e di posizione superiore.

Nell'etichetta cinese tradizionale esistono le forme cerimoniali del *koutou* (inchino fino a posare la testa per terra) e del *gongshou* (saluto congiungendo le mani a forma di coppa), ormai raramente usate nella Cina di oggi, si mantengono soltanto nell'adorazione degli antenati o delle divinità.

汉语介词词组的位置

La posizione dei sintagmi preposizionali in cinese

例句 **1** 我在银行工作。Io lavoro in banca.

2 我在威尼斯大学学习汉语。Io studio cinese all'Università di Venezia.

3 我在威尼斯住（zhù）。Io abito a Venezia.

4 我住（zhù）在威尼斯。Io abito a Venezia.

小 结

在汉语中，由介词组成的表示地点的介词词组，经常放在动词前面作状语（如汉语例句①、②、③）；而在意大利语中却经常将这一词组放在动词后面作补语（如意大利语例句①、②、③、④）。汉语中有时也将表示地点的介词词组放在动词后作补语（如例句④），但这不是汉语常用的语序。初学汉语的外国人一定要注意这一点。

Sintesi: in cinese i sintagmi preposizionali locativi ricorrono spesso in posizione pre-verbale in funzione di determinanti verbali (vedi esempi in cinese ① , ② e ③); in italiano invece spesso questo tipo di sintgma ricorre in posizione post-verbale (frasi italiane ① , ② , ③ e ④). In cinese capita a volte che il sintagma preposizionale locativo ricorra dopo il verbo (come nella frase ④), tuttavia, va ricordato che si tratta di una sequenza non comune nella lingua cinese.

第六课　今天星期几

Sesta lezione　Che giorno è oggi

课 文 | Testo

■ 汉语课文
Testo in cinese

1) A: 芭芭拉，今天星期几？

   B: 今天星期二。

   A: 你几月几号回国？

   B: 五月四号。

   A: 五月四号是星期几？

   B: 星期三。

2) A: 现在几点了？

   B: 现在八点了。

   A: 你几点去公司？

   B: 我八点半去公司。

   A: 我们明天几点见面？

   B: 明天星期几？

   A: 星期五。

   B: 好吧，下午五点我们见面。

3) A: 保罗，你哪天回国？

   B: 我九月五号回国。

   A: 你来中国多长时间了？

   B: 我来中国一年了。

   A: 以后你还来中国吗？

   B: 我还来！

补充课文
Testo supplementare

你几点吃早饭？
A che ora fai colazione?

1) A: 大明，你每天几点吃早饭？
   B: 七点半左右。
   A: 你什么时候去公司？
   B: 我八点十分去公司。

2) A: 你们什么时候来这儿？
   B: 明天。
   A: 几点？
   B: 晚上九点，我们待一个小时，好吗？
   A: 好吧。

汉语拼音课文
Testo in Pinyin

1) A: Bābālā, jīntiān xīngqī jǐ?
   B: Jīntiān Xīngqī'èr.
   A: Nǐ jǐ yuē jǐ hào huí guó?
   B: Wǔyuē sì hào.
   A: Wǔyuē sì hào shì xīngqī jǐ?
   B: Xīngqīsān.

2) A: Xiànzài jǐ diǎn le?
   B: Xiànzài bā diǎn le.
   A: Nǐ jǐ diǎn qù gōngsī?
   B: Wǒ bā diǎn bàn qù gōngsī.

A: Wǒmen míngtiān jǐ diǎn jiànmiàn?
B: Míngtiān xīngqī jǐ?
A: Xīngqīwǔ.
B: Hǎo ba, xiàwǔ wǔ diǎn wǒmen jiànmiàn.

3) A: Bǎoluó, nǐ nǎ tiān huí guó?
   B: Wǒ Jiǔyuè wǔ hào huí guó.
   A: Nǐ lái Zhōngguó duō cháng shíjiān le?
   B: Wǒ lái Zhōngguó yì nián le.
   A: Yǐhòu nǐ hái lái Zhōngguó ma?
   B: Wǒ hái lái!

汉语拼音补充课文
Testo supplementare in Pinyin

Nǐ jǐ diǎn chī zǎofàn?

1) A: Dàmíng, nǐ měi tiān jǐ diǎn chī zǎofàn?
   B: Qī diǎn bàn zuǒyòu.
   A: Nǐ shénme shíhou qù gōngsī?
   B: Wǒ bā diǎn shí fēn qù gōngsī.

2) A: Nǐmen shénme shíhou lái zhèr?

B: Míngtiān.

A: Jǐ diǎn?

B: Wǎnshang jiǔ diǎn, wǒmen

dāi yí gè xiǎoshí, hǎo ma?

A: Hǎo ba.

词汇 Lessico

▲ 课文生词
Vocaboli

今天	（名）	jīntiān	oggi
星期	（名）	xīngqī	settimana
星期一	（名）	Xīngqīyī	lunedì
星期二	（名）	Xīngqī'èr	martedì
星期三	（名）	Xīngqīsān	mercoledì
星期四	（名）	Xīngqīsì	giovedì
星期五	（名）	Xīngqīwǔ	venerdì
星期六	（名）	Xīngqīliù	sabato
星期天／日	（名）	Xīngqītiān/rì	domenica
月	（名）	yuè	mese
号	（名）	hào	giorno; numero
回	（动）	huí	tornare
现在	（名）	xiànzài	adesso
点	（量）	diǎn	classificatore
去	（动）	qù	andare
半	（数）	bàn	metà, mezzo
明天	（名）	míngtiān	domani

见面	（动）	jiànmiàn	incontrarsi
下午	（名）	xiàwǔ	pomeriggio
长	（形）	cháng	lungo
时间	（名）	shíjiān	tempo
还	（副）	hái	ancora

▲ 补充课文生词
Vocaboli supplementari

每天		měi tiān	ogni giorno
吃	（动）	chī	mangiare
早饭	（名）	zǎofàn	colazione
左右	（名）	zuǒyòu	circa
时候	（名）	shíhou	tempo
分	（量）	fēn	classificatore
这儿	（代）	zhèr	qui
待	（动）	dāi	stare, trattenersi
个	（量）	gè	classificatore
小时	（名）	xiǎoshí	ora

注 释 | Note

1 现代汉语的日期表达法
Modi per indicare la data nel cinese moderno

1）一个星期有七天，它们的表达方式分别是：星期一、星期二、星期三、星期四、星期五、星期六、星期日（天）。其中"星期日"常出现在日历中，在口语中我们常说"星期天"。

2）"年、月、日"表达法一般用数字与年、月、日组合来表示日期。在汉语里，表示年、月、日的顺序是：年—月—日。例如：2003 年 1 月 16 日。在口语中，我们也常说 2003 年 1 月 16 号（"日"和"号"都表示一个月里的某一天，口语里用"号"，书面语用"日"）。其中"2003 年"读作"二零零三年"，也可以读作"两千零三年"。而"1999 年"却只能读作"一九九九年"，不能读作"一千九百九十九年"。另外，"1 月"还可以说成"元月"。除"星期"外，书写表示"年、月、日"的数字时都可以用阿拉伯数字。

1) I giorni della settimana. I sette giorni della settimana sono indicati rispettivamente così: 星期一，星期二，星期三，星期四，星期五，星期六，星期日（天）. 星期日 è spesso usato nei calendari, nella lingua parlata di solito si dice 星期天 .

2) Giorno, mese, anno. La data di solito viene indicata combinando anno, mese e giorno espressi in forma numerica, l'ordine in cinese prevede prima l'anno, poi il mese e infine il giorno. Es.: 2003 年 1 月 16 日 . Nella lingua parlata si dice spesso: 2003 年 1 月 16 号 (sia 日 sia 号 indicano il giorno del mese, il primo è usato nella lingua scritta, il secondo nella lingua parlata). La data 2003 年 viene letta 二零零三年 , ma si può leggere anche 两千零三年 . Ma 1999 年 si può leggere solo 一九九九年 , e non 一千九百九十九年 . Inoltre, gennaio, 一月 , si può dire anche 元月 (Yuányuè). Tranne i giorni della settimana, le altre espressioni di tempo nella lingua scritta, quali anno mese e giorno, possono essere indicati anche con numeri arabi.

2 现代汉语时间表达法（时点和时段）
Modi per indicare il tempo (ora e periodi di tempo) nel cinese moderno

现代汉语的时间表达法常分为时点表达和时段表达。

Nel cinese moderno le espressioni per indicare il tempo si dividono spesso in espressioni che indicano l'ora ed espressioni che indicano il periodo.

1）时点表达：十五分钟是"一刻"，如 2：15，可以说成"两点一刻"。三十分钟可称为"半"，如 2：30，可以说成"两点半"。汉语的时点表达常有多种不同的说法，以 1：45 为例，可以说成"一点（过）四十五分"、"一点过三刻"、"两点差十五分"或"差十五分两点"，也可以省略其中的"过"和"分"，说成"一点四十五"、"一点三刻"、"两点差十五"或"差十五两点"。

Indicazioni dell'ora: quindici minuti si indicano anche come 一刻 (yí kè), per esempio 2: 15 si può dire 两点一刻 (liǎng diǎn yí kè); trenta minuti si indicano anche come 半 (bān). Per esempio 2: 30 si può dire 两点半 (liǎng diǎn bān). Esistono modi diversi in cinese per indicare l'ora: prendendo come esempio 1:45, si può dire 一点（过）四十五分 (yì diǎn ⟨guò⟩ sìshíwǔ fēn), 一点过三刻 (yì diǎn guò sān kè), 两点差十五分 (liǎng diǎn chà shíwǔ fēn) oppure 差十五分两点 (chà shíwǔ fēn liǎng diǎn); 过 (guò) e 分 (fēn) si possono omettere, dicendo 一点四十五 (yì diǎn sìshíwǔ), 一点三刻 (yì diǎn sān kè), 两点差十五 (liǎng diǎn chà shíwǔ) oppure 差十五两点 (chà shíwǔ liǎng diǎn).

2）时段表达：常见的简单型时段表达是：数＋年、数＋个＋月／小时、数＋天、数＋分钟。例如：

Indicazioni del periodo: le formule semplici più comuni per indicare un periodo di tempo sono "numero + 年 (nián)", "numero + 个 (gè) + 月 (yuè) ／小时 (xiǎoshí)", "numero + 天 (tiān)", "numero + 分钟 (fēnzhōng)". Es.:

一年、两个月、三个小时、四天、五分钟

常见的复合型时段表达是：数＋年＋（零）＋数＋个＋月、数＋小时＋数＋分钟。例如：

Le formule composte più diffuse sono: "numero + 年 (nián) + (零 líng) + numero + 个 (gè) + 月 (yuè)", e "numero + 小时 (xiǎoshí) + numero + 分钟 (fēnzhōng)". Es.:

一年零五个月、一小时五十分钟

3 你来中国多长时间了？
Da quanto tempo sei in Cina?

"多＋形容词"用在疑问句中（以单音节的形容词居多），询问程度、数量等。"多＋形容词"作谓语时，"多"前也可以加"有"。但在口语中"有"可以省略。例如：

La struttura " 多 (duō) + aggettivo" nelle frasi interrogative (soprattutto nel caso di aggettivi monosillabici) viene impiegata per chiedere informazioni sul grado o sulla quantità. Quando 多 (duō) funge da predicato viene spesso preceduto da 有 (yǒu). Quest'ultimo nella lingua parlata a volte può essere omesso. Es.:

> 你在中国（有）多久了?
>
> 你今年（有）多大?

4 "时间"与"时候"
时间 e 时候

"时间"与"时候"都是名词，表示有起点、有终点的一段时间，也可表示时间里的某一点。但是这两个词也有区别。

时间 (shíjiān) e 时候 (shíhou) sono entrambi nomi che esprimono un lasso di tempo con un inizio e una fine, ma possono anche indicare un certo momento nel tempo. Esistono tuttavia delle differenze.

1）一般来说，"时候"多用于口语，而"时间"既可以用于书面语，也可以用于口语。例如：

Di solito 时候 (shíhou) è più usato nella lingua parlata; 时间 (shíjiān), invece, può essere impiegato sia nella lingua scritta sia nella lingua parlata. Es.:

> 哎，你什么时候去?
>
> 现在是学习时间。
>
> 时间就像流水一样，转眼之间我们进入了 2013 年。

2）"时候"用于口语时，一般所表达的时间是不具体的；而"时间"用于口语时则多用来说明比较确定的、具体的时间。例如：

Quando 时候 (shíhou) viene impiegato nella lingua parlata indica per lo più un tempo astratto, invece 时间 (shíjiān), quando viene impiegato nella lingua parlata, specifica un tempo o un momento piuttosto preciso e concreto. Es.:

> 火车到威尼斯的时候是十点零五。（×）
>
> 火车到威尼斯的时间是十点零五。（√）
>
> 火车到威尼斯的时候天都黑了。（√）
>
> 火车到威尼斯的时间天都黑了。（×）

3）"时候"还可以说"当……的时候"，而"时间"则不能。例如：

时候 (shíhou) si può trovare anche nella costruzione 当……的时候 (dāng…de shíhou), mentre ciò non accade con 时间 (shíjiān). Es.:

当我看到你的时候，你已经上车了。（✓）

当我看到你的时间，你已经上车了。（×）

练习 Esercizi

1 请快速准确地说出下面的时间，并用汉字写出来

Leggere rapidamente e correttamente le ore sottoindicate, quindi trascriverle in caratteri

19:45   20:15   17:01   19:50   8:30   12:00

2 请就下面划线部分提问

Formulare delle domande relative alla parte della frase sottolineata

1）现在三点过五分。

2）我来中国已经三年了。

3）我要在中国待两三年。

4）芭芭拉和她的朋友八点十分在公司见面。

5）她每天早上七点二十左右吃早饭。

6）我哥哥每天下午差五分两点去大学。

3 在下面的句子中填写"时间"或"时候"，并说说为什么

Inserire nelle seguenti frasi le espressioni 时间 (shíjiān) o 时候 (shíhou) spiegando il motivo della scelta

1）明天我们什么（   ）可以见面？

2）芭芭拉在中国的（   ），我是她的汉语老师。

3）明天有（   ），我要和王小红见面。

4）你明天什么（   ）去公司？

5）李大明到威尼斯的（   ）是十二点零五分。

6）今天你学习了多长（   ）的汉语？

4 请把下面的词组成句子

Comporre delle frasi utilizzando le seguenti parole ed espressioni

1) 中国　　你　　以后　　来　　还　　吗
2) 十二点　我　　公司　　半　　在　　每天　　吃饭
3) 来　　你　　多长　　了　　中国　　时间
4) 下午　　我们　　明天　　银行　　见面　　在　　五点二十
5) 家　　星期日　我们　　下午　　去　　王丽

5 快速回答问题

Rispondere rapidamente alle domande

1) 你早上几点起床（qǐchuáng, alzarsi）？
2) 你几点吃早饭？
3) 你几点去大学？几点回家？
4) 你每天在大学待几个小时？
5) 你晚上几点睡觉（shuìjiào, dormire）？
6) 你什么时候写作业（zuòyè, fare i compiti）？

6 完成下面的对话

Completare i seguenti dialoghi

1) A:　今天几月几号？

   B:　_____。

   A:　_____？

   B:　下个月五号是星期三。

2) A:　明天星期几？

   B:　_____。

   A:　_____？

   B:　明天我下午三点半去学校，你呢？

   A:　_____。

我叫法比奥，是意大利人，今年二十七岁。我来中国一年多了，现在我在一家意大利的公司工作。我每天早上七点吃早饭，八点半左右去公司，晚上七点半回家。

这个月的三号我要回国，一个月以后我还回来。

今天下午三点二十我要和我的朋友芭芭拉在公司见面，我很高兴。

文化点滴 Pillole di cultura

中国人的寒暄

　　许多外国人到中国以后，常常觉得中国人喜欢管别人的闲事。比如，在路上见面常被问及"你吃了吗？"、"你去哪儿？"、"你干什么去？"、"去买菜啊？"、"去上班啊？"等等。聊天的时候常问"你今年多大了？"、"你在哪儿工作？"、"你家里都有什么人？"、"你结婚了吗？"。有些外国人觉得问这样的问题很不礼貌。

　　其实，问话人未必想要干涉你的私生活，这些在路上见面时问的问题，只是打个招呼，就如同说："你好！最近怎么样？"而聊天时问的问题，只是想了解对方，与对方交谈，找出一些简单的问题使谈话变得轻松、自然。例如，当知道对方是老师时，你可以称对方为"X老师"；当你知道对方身体不好的时候，你可以多说一些体贴和安慰的话。

　　此外，在和对方谈话时，要避免提到对方不喜欢的话题。例如，当知道对方没有父亲或母亲时，最好就不要谈及父母，避免引起对方的伤心。当知道对方喜欢抽烟时，就不要说"讨厌抽烟"之类的话，避免引起对方的反感。

　　为了了解对方的情况，中国人常常在第一次见面时问一些对方的基本情况，以免说错话，引起对方不高兴。所以，在中国，当别人问你这些问题时，请不要奇怪，更不要生气。对方愿意了解你，是想和你交朋友。如果你不喜欢谈你的个人问题，你可以客气地告诉对方："对不起，我不喜欢（不习惯）谈这些问题。"你也可以反问对方，中国人一般都很愿意把自己的情况告诉对方。

Forme di saluto in cinese

Dopo essere stati in Cina molti stranieri sostengono che "ai cinesi piace farsi gli affari altrui". Incontrandosi per strada, per esempio, spesso domandano: "Hai mangiato?", "Dove vai?", "Cosa vai a fare?", "Vai a fare la spesa?", "Vai al lavoro?"… Chiacchierando, poi, chiedono spesso: "Quanti anni hai?", "Quanti siete in famiglia?", "Sei sposato?" Per alcuni stranieri fare questo genere di domande è poco educato.

In realtà, in Cina sono proprio queste le domande che si rivolgono in genere a una persona appena conosciuta: chi le porge non lo fa necessariamente per intromettersi nella vita privata dell'altro. Le domande per la strada equivalgono a una forma di saluto, come un "Ciao! Come va?", quelle poste mentre si chiacchiera hanno invece lo scopo di conoscere meglio l'interlocutore per trovare dei semplici argomenti su cui parlare e rendere più naturale e rilassata la conversazione. Per esempio, venendo a sapere che si ha di fronte un insegnante, si può chiamarlo "professor X"; se invece si apprende che l'interlocutore non gode di buona salute, si potrà dirgli qualche parola premurosa e di conforto.

Inoltre, nella conversazione è bene evitare ogni argomento sgradito all'interlocutore. Per esempio, se si sa che la persona è orfana di padre o di madre, non si farà alcun accenno ai genitori, per evitare di ferire la sensibilità dell'interlocutore. Oppure, se apprendiamo che l'interlocutore è un fumatore, eviteremo di fare commenti negativi sul fumo, per non offenderlo.

I cinesi si informano sulla situazione generale dell'interlocutore al primo incontro, per evitare di dire cose sbagliate e offenderlo. Se l'interlocutore si offende, la conversazione non può continuare e tra le due persone non si potrà instaurare un rapporto di amicizia. Perciò, non stupitevi né offendetevi se in Cina vi verranno poste queste domande. Chi ve le fa vuole solo conoscervi meglio e diventare vostro amico. Se non vi va di parlare dei vostri affari personali, potete gentilmente dire all'interlocutore: "Mi scusi, non mi piace (non sono abituato a) parlare di queste cose." Oppure potete rivolgere voi a vostra volta domande personali all'interlocutore, ai cinesi in genere piace parlare di sé.

比一比　Lingue a confronto

汉语和意大利语中"年、月、日"的表达方式
La data in cinese e in italiano

例句 **1** 今天是 2013 年 5 月 3 日。

Oggi è il 3 maggio 2013.

② 2008年9月10日我认识了我的女朋友。

Ho conosciuto la mia ragazza il 10 settembre 2008.

小 结

通过上面的例句我们可以看出，汉语中"年、月、日"的表达式是从"年"到"月"再到"日"；而意大利语正好相反，是从"日"到"月"再到"年"。这种区别应该牢记。

Sintesi: guardiamo gli esempi, la data in cinese si esprime in questo ordine: anno, mese, giorno; al contrario l'ordine in italiano è giorno, mese, anno.

第七课　你吃点儿什么
Settima lezione　Cosa mangi

課 文 | Testo

汉语课文
Testo in cinese

1) A：保拉，你饿吗？

B：是的，我有点儿饿。

A：你想吃点儿什么？

B：我想吃面条。

A：我吃米饭和菜。服务员小姐，我们要一碗面条、一碗米饭和一盘宫保鸡丁。

C：还要别的吗？

A：不要了。

C：好。马上就来！

2) A：保拉，你渴不渴？

B：我很渴，我想喝水。你要吗？

A：我不要。我想喝点儿茶。

B：你喝什么茶，红茶还是绿茶？

A：绿茶。保罗，你也要茶吗？

C：不，谢谢！我要喝一杯咖啡。这儿的咖啡很好喝。

A：好吧。一瓶水、一杯绿茶和一杯咖啡！

你想吃点儿什么？
Cosa vorresti mangiare?

A: 你吃点儿什么？

B: 我吃饺子。我很喜欢吃中国的饺子。你呢？

A: 我吃炒面。我要一盘牛肉炒面。

B: 好吧。服务员小姐，我要一盘饺子，她要一盘牛肉炒面。

C: 好的。你们想喝什么？

B: 我要一杯啤酒，要冰镇的。

A: 我要一瓶可乐，可口可乐。

C: 还要别的吗？

A: 再来一碗鸡蛋汤。

C: 请稍候，马上就来！

C: Hái yào biéde ma?

A: Bú yào le.

C: Hǎo. Mǎshàng jiù lái!

2) A: Bǎolā, nǐ kě bu kě?

B: Wǒ hěn kě, wǒ xiǎng hē shuǐ. Nǐ yào ma?

A: Wǒ bú yào. Wǒ xiǎng hē diǎnr chá.

B: Nǐ hē shénme chá, hóngchá háishi lǜchá?

A: Lǜchá. Bǎoluó, nǐ yě yào chá ma?

C: Bù, xièxie! Wǒ yào hē yì bēi kāfēi. Zhèr de kāfēi hěn hǎohē.

A: Hǎo ba. Yì píng shuǐ、 yì bēi lǜchá hé yì bēi kāfēi!

■ 汉语拼音课文
Testo in Pinyin

1) A: Bǎolā, nǐ è ma?

B: Shìde, wǒ yǒudiǎnr è.

A: Nǐ xiǎng chī diǎnr shénme?

B: Wǒ xiǎng chī miàntiáo.

A: Wǒ chī mǐfàn hé cài. Fúwùyuán xiǎojiě, wǒmen yào yì wǎn miàntiáo、 yì wǎn mǐfàn hé yì pán Gōngbǎo Jīdīng.

■ 汉语拼音补充课文
Testo supplementare in Pinyin

Nǐ xiǎng chī diǎnr shénme?

1) A: Nǐ chī diǎnr shénme?

B: Wǒ chī jiǎozi. Wǒ hěn xǐhuan chī Zhōngguó de jiǎozi. Nǐ ne?

A: Wǒ chī chǎomiàn. Wǒ yào yì pán niúròu chǎomiàn.

B: Hǎo ba. Fúwùyuán xiǎojiě, wǒ

yāo yì pán jiǎozi, tā yāo yì pán niúròu chǎomiàn.

C: Hǎo de. Nǐmen xiǎng hē shénme?

B: Wǒ yāo yì bēi píjiǔ, yāo bīngzhèn de.

A: Wǒ yāo yì píng kělè, Kěkǒu Kělè.

C: Hái yāo biéde ma?

A: Zài lái yì wǎn jīdàntāng.

C: Qǐng shāohòu, mǎshàng jiù lái!

词汇 Lessico

▲ 课文生词
Vocaboli

饿	（形）	è	affamato, avere fame
有点儿	（副）	yǒudiǎnr	un po'
想	（动）	xiǎng	volere, pensare
（一）点儿		(yì)diǎnr	poco
面条	（名）	miàntiáo	spaghetti
米饭	（名）	mǐfàn	riso (cotto)
菜	（名）	cài	verdura
服务员	（名）	fúwùyuán	cameriere
要	（动）	yào	volere, dovere
碗*	（名）	wǎn	ciotola
盘	（名）	pán	piatto
别的	（代）	biéde	altro
马上	（副）	mǎshàng	subito

就	（副）	jiù	subito, immediatamente
渴	（形）	kě	assetato, avere sete
喝	（动）	hē	bere
水	（名）	shuǐ	acqua
茶	（名）	chá	tè
红	（形）	hóng	rosso
还是	（连）	háishi	oppure
绿	（形）	lǜ	verde
杯	（名）	bēi	bicchiere
咖啡	（名）	kāfēi	caffè
瓶	（名）	píng	bottiglia

▲ 课文专有名词
Nomi propri

宫保鸡丁（菜名）Gōngbǎo Jīdīng
pollo di Kung Pao

*"碗"、"盘"、"杯"和"瓶"都是名词，但在本课借用为量词。

Le parole "碗","盘","杯"e"瓶"sono tutte dei sostantivi, ma in questa lezione sono usate come classificatori.

饺子（名）jiǎozi *jiaozi* (ravioli cinesi)

喜欢（动）xǐhuan　　piacere

炒面（名）chǎomiàn spaghetti
　　　　　　　　　　saltati

牛肉（名）niúròu　　carne di manzo

啤酒（名）píjiǔ　　　birra

冰镇（动）bīngzhèn ghiacciato

可乐（名）kělè　　　coca

鸡蛋（名）jīdàn　　uovo

汤　（名）tāng　　　brodo

稍候（动）shāohòu　aspetta un
　　　　　　　　　　attimo

▲ 补充课文专有名词
Nomi propri supplementari

可口可乐（品牌名）　Kěkǒu Kělè
Coca-Cola

注 释 Note

1 一点儿／有点儿
un po'/un po'

"点"是量词，在表示数量少时，必须儿化。"点儿"常和数词"一"组成"一点儿"。"一点儿"可以放在名词前，也可以放在形容词后面，表示很少的数量或轻微的程度。例如：

点(diǎn) è classificatore. Quando indica una piccola quantità deve essere pronunciato con l'arrotamento. Viene spesso usato in combinazione con il numerale 一 (yī), a formare l'espressione 一点儿 (yìdiǎnr), che può essere collocata prima di un nome o dopo un verbo, per indicare una piccola quantità o un grado ridotto. Es.:

我想吃一点儿米饭和面条。

我能说一点儿汉语。

"一点儿"如果不是放在句子开头，"一"也可以省略。例如：

Quando non è collocato all'inizio di frase 一 (yī) di 一点儿 (yìdiǎnr) può essere omesso. Es.:

我想吃一点儿米饭和面条。＝　我想吃点儿米饭和面条。

我能说一点儿汉语。＝　我能说点儿汉语。

"有点儿"和"一点儿"的意思相同，都表示数量少和程度轻。但"有点儿"常用在形容词或某些动词前作状语，多修饰后面表示消极意义的形容词或动词，在这种情况下，不能用"一点儿"。例如：

Il significato di 有点儿 (yǒudiǎnr) è simile a quello di 一点儿 (yìdiǎnr): entrambe le espressioni esprimono quantità piccola o grado ridotto. Tuttavia, 有点儿 (yǒudiǎnr) è spesso usato davanti ad aggettivi o davanti a certi verbi in funzione di determinante verbale, in questo caso non si può usare 一点儿 (yìdiǎnr). Es.:

> 他有点儿饿。
> 他有点儿不高兴。

2 你渴不渴？

Hai sete?

在汉语中，动词和形容词可以把肯定和否定两种形式并列在一起组成问句，这种疑问句被称为"正反疑问句"。"你渴不渴"意思是问"你渴，还是不渴"。回答时，应该回答"我渴"或者"我不渴"。再如：

In cinese si possono formulare delle frasi interrogative ripetendo il verbo o l'aggettivo prima in forma affermativa e poi in forma negativa. Questo tipo di frase è detta ad "interrogazione esclusiva". La frase 你渴不渴 (nǐ kě bu kě) significa letteralmente "hai sete o no", nella risposta bisogna ripetere il verbo in forma affermativa 我渴 (wǒ kě) o in forma negativa 我不渴 (wǒ bù kě). Ecco altri esempi:

> 你爱不爱吃饺子？　　我爱吃饺子。／ 我不爱吃饺子。
> 你想不想学习汉语？　　我想学习汉语。／ 我不想学习汉语。

3 （你喝）红茶还是绿茶？

(Bevi) tè nero o tè verde?

此句中的"还是"是连词，在句中表示选择。有时也用"是"和"还是"连用，组成"是……还是……"的句式，表示选择。例如：

Nella frase troviamo la congiunzione disgiuntiva 还是 (hǎishi). A volte si usa anche la forma con 是 (shì) e 还是 (hǎishi) correlati, sempre per indicare un'alternativa. Es.:

> 你是吃饺子还是吃面条？
> 你是去公司还是去银行？

4 （我）马上就来
(Io) vengo subito

副词 "就" 用在动词或形容词前，强调动作或状态在很短的时间内将发生。例如：
L'avverbio 就 (jiù) usato davanti a un verbo o un aggettivo sottolinea che l'azione, o lo stato di cose si manifesterà in breve tempo. Es.:

我这就去公司，你在那儿等我。

你马上就来吧，我们一起学习。

练习 | Esercizi

1 请把下面的句子改成正反疑问句
Riscrivere le seguenti frasi affermative in forma di interrogazione esclusiva

例如：我很忙。——你忙不忙?
1) 李大明的家很大。
2) 鸡蛋汤很好喝。
3) 我喜欢吃米饭和菜。
4) 我哥哥要去公司工作。
5) 王丽想喝一杯可口可乐。

2 请把下面的句子改成用 "是……还是……" 的选择疑问句
Riscrivere le seguenti frasi in forma di interrogazione alternativa

例如：我很喜欢吃饺子。——你是喜欢吃饺子还是喜欢吃面条?
1) 他们想喝冰镇啤酒。
2) 她要一碗面条。
3) 今天星期三。
4) 你哥哥每天早上七点半吃早饭。
5) 王丽下午去银行。

3 请用 "一点儿" 或 "有点儿" 填空
Inserire negli spazi 一点儿（yìdiǎnr）o 有点儿（yǒudiǎnr）

1) 我的朋友_____不高兴。

2) 我的朋友能说＿＿＿＿＿汉语。

3) 她＿＿＿＿＿饿，想吃＿＿＿＿＿面条。

4) 我学习了＿＿＿＿＿汉语，也学习了＿＿＿＿＿意大利语。

5) 玛丽＿＿＿＿＿想家了。

6) 你想喝＿＿＿＿＿什么？

4 请在下面的句子中合适的位置填上"就"
Inserire 就（jiǔ）nella posizione adatta

1) 我去公司，你也去吧，我们在公司见面。

2) 你马上来吧，我很想你。

3) 我们现在去银行吧，王丽也在那儿。

4) 请您稍等，她一会儿来。

5) 他下了课回家。

6) 我们现在去吃点儿东西 (dōngxi, cosa) 吧。

5 请把下面的词组成句子
Comporre delle frasi utilizzando le seguenti parole ed espressioni

1) 一碗　　和　　　要　　　面条　　米饭　　菜　　　我们

2) 的　　　这儿　　好　　　很　　　喝　　　咖啡

3) 要　　　绿茶　　我　　　想　　　一瓶　　和　　　水　　　一杯

4) 中国　　我　　　的　　　喜欢　　吃　　　很　　　饺子

5) 和　　　牛肉　　要　　　饺子　　一盘　　他　　　一盘　　炒面

6) 啤酒　　一杯　　我　　　冰镇　　要

6 阅读短文
Leggere il brano

　　我来中国一年了，我很喜欢中国。在中国，我喜欢吃饺子、牛肉炒面、米饭和菜，喜欢喝鸡蛋汤。我每天喝冰镇啤酒。我也喜欢喝中国茶，红茶、绿茶我都喜欢喝。我不喜欢喝这儿的咖啡，这儿的咖啡没有意大利的好喝。

中国的饮食

中国自古就有"民以食为天"的说法。在社会生活中，"吃饭"是表示人际关系亲密的一种主要方式，甚至人们在打招呼时，也必先问一句"吃了吗？"，以表示对对方的关心。

中国的"吃"闻名天下。人们常说的"南甜、北咸、东辣、西酸"，说的就是不同的地区，菜的特点也不同，于是便形成了风格独特的八大菜系。各大菜系的菜都有自己的特点，但总的来说，中国各地的菜都讲究色、香、味、形等几个方面。

"色"指的是菜的颜色。一盘菜做好后端上来，还没有吃，给人的第一印象就是菜的颜色。鲜艳的颜色，容易引起人的食欲，一看就想吃。

"香"说的是菜的香味。各种东西做成菜，都有自己特别的香味。不同的菜，厨师会放入不同的佐料，其目的就是增加菜的香味，还没有吃，一闻就有胃口。

"味"说的是菜的味道。一道菜，看起来很漂亮，闻起来也很香，但是最主要的还是吃到嘴里的感觉要好，才能吸引人。

"形"指的是形状。也就是说要把菜放在什么样的盘子里，摆成什么样子。讲究的厨师总是把做好的菜摆得像一件工艺品一样。所以人们常说，中国菜不仅好吃，还带给人们美的享受。

Il cibo in Cina

In Cina sin dall'antichità circola il detto: "per il popolo il cibo è tutto". Nella vita sociale mangiare rappresenta un'importante forma di intimità e cordialità nei rapporti umani, persino nel salutarsi si usa l'espressione "Hai mangiato?" per esprimere il proprio interessamento all'interlocutore.

La cucina cinese è famosa in tutto il mondo. Il detto spesso citato "al sud il dolce, a nord il salato, a est il piccante, a ovest l'agro" sta appunto a indicare la diverse caraterristiche dei piatti a seconda dell'area geografica; si sono formate così storicamente otto grandi tradizioni culinarie diverse, tipiche delle varie zone del Paese. Ciascuna di queste possiede caratteristiche peculiari, ma in sintesi si può dire che tutta la cucina cinese cura molto quattro aspetti: il colore, il gusto, l'aroma e la forma.

Il primo aspetto indica appunto il "colore" delle pietanze. È infatti il colore la prima impressione prodotta da un piatto servito in tavola prima di mangiarlo. Un colore vivace suscita l'appetito del commensale e il desiderio di mangiare la pietanza viene stimolato solo a guardarla.

L' "aroma" indica il profumo delle pietanze. Ogni elemento trasformato in pietanza ha un suo sapore particolare. Il cuoco aggiunge diversi ingredienti alle diverse pietanze per valorizzarne e arricchirne l'aroma. Così, prima ancora di mangiare, il profumo esalato dai piatti aumenta l'appetito.

Per "sapore", naturalmente, si intende il sapore delle pietanze. È questo l'elemento più importante di tutti: infatti non è sufficiente un bell'aspetto e un buon profumo per rendere buona una pietanza, essa deve avere soprattutto un buon sapore, solo così risulterà gradita.

Infine, la "forma": con ciò si indica il modo in cui viene presentato il cibo e il piatto su cui è servito. I cuochi più raffinati presentano sempre i loro piatti come fossero opere d'arte. Per questo si dice spesso che la cucina cinese oltre a essere buona offre anche un godimento di tipo estetico.

比一比 Lingue a confronto

汉语"还"和"再"的语义差别
Differenze di significato in cinese tra gli avverbi 还 e 再

例句 ① 他还在银行工作。Lui lavora ancora in banca.

② 他还在中国学习汉语。Lui studia ancora il cinese in Cina.

③ 下个月我再去罗马看朋友。Il mese prossimo vado di nuovo/ancora a Roma a trovare gli amici.

④ 上午我去了公司，下午我想再去公司看看。La mattina sono stato in azienda, il pomeriggio ci ritorno di nuovo/ancora.

汉语中"还"和"再"都表示动作再一次重复。"还"还有表示现象继续存在或动作继续进行的意思。例如上面的例句①、②。"再"通常表示又一次，有时专指第二次。例如上面的例句③、④。然而，用意大利语表示"还"应用"ancora"；而表示"再"可用"di nuovo"或"ancora"。

Sintesi: entrambi gli avverbi indicano ripetizione dell'azione, riferendosi soprattutto a eventi non ancora completati. 还 (hái) indica anche che l'azione o lo stato di cose perdura nel tempo, come negli esempi ① e ②. 再 (zài) indica spesso la ripetizione dell'azione una prima volta, e, talora, una seconda volta, come nelle frasi ③ e ④. In italiano si traduce 还 (hái) con "ancora", mentre 再 (zài) si può tradurre anche sia "di nuovo" che "ancora".

第八课　你会说汉语吗
Ottava lezione　Sai parlare il cinese

课文 | Testo

汉语课文
Testo in cinese

1) A: 保罗，你会说汉语吗?

   B: 不会。

   A: 芭芭拉呢?

   B: 她会说一点儿汉语，也会说英语、法语和意大利语。

   A: 你想学汉语吗?

   B: 听说汉语很有意思，我很想学。

2) A: 保罗，你的汉语怎么样了?

B: 现在我会说一点儿汉语了。我觉得汉语很难!

A: 是的。学汉语不容易，要多听、多说、多读、多写。

B: 你说得对。我们的老师也这么说。

补充课文
Testo supplementare

我喜欢学汉语
Mi piace studiare il cinese

A: 保拉，你学汉语两年了，你

觉得汉语难学吗？

B: 怎么说呢，我觉得多说、多写就不太难学。我和姐姐都学习汉语，我们两个人都喜欢汉语！因为我们喜欢写汉字，每个汉字都是一幅画，很好看；我们也喜欢说汉语，说汉语就是在唱一首歌，很好听，是不是？

A: 哈哈！对！对！兴趣是一位好老师。学汉语就要喜欢汉语，对吗？

B: 对。我想是这样。

■ 汉语拼音课文
Testo in Pinyin

1) A: Bǎoluó, nǐ huì shuō Hànyǔ ma?

B: Bú huì.

A: Bābālā ne?

B: Tā huì shuō yìdiǎnr Hànyǔ, yě huì shuō Yīngyǔ、Fǎyǔ hé Yìdàlìyǔ.

A: Nǐ xiǎng xué Hànyǔ ma?

B: Tīngshuō Hànyǔ hěn yǒuyìsi, wǒ hěn xiǎng xué.

2) A: Bǎoluó, nǐ de Hànyǔ zěnmeyàng le?

B: Xiànzài wǒ huì shuō yìdiǎnr Hànyǔ le. Wǒ juéde Hànyǔ

hěn nán!

A: Shìde. Xué Hànyǔ bù róngyì, yào duō tīng、duō shuō、duō dú、duō xiě.

B: Nǐ shuō de duì. Wǒmen de lǎoshī yě zhème shuō.

■ 汉语拼音补充课文
Testo supplementare in Pinyin

Wǒ xǐhuan xué Hànyǔ

A: Bǎolā, nǐ xué Hànyǔ liǎng nián le, nǐ juéde Hànyǔ nán xué ma?

B: Zěnme shuō ne, wǒ juéde duō shuō、duō xiě jiù bú tài nán xué. Wǒ hé jiějie dōu xuéxí Hànyǔ, wǒmen liǎng gè rén dōu xǐhuan Hànyǔ! Yīnwèi wǒmen xǐhuan xiě hànzì, měi gè hànzì dōu shì yì fú huà, hěn hǎokàn; wǒmen yě xǐhuan shuō Hànyǔ, shuō Hànyǔ jiù shì zài chàng yì shǒu gē, hěn hǎotīng, shì bu shì?

A: Hāhā! Duì! Duì! Xìngqù shì yí wèi hǎo lǎoshī. Xué Hànyǔ jiù yào xǐhuan Hànyǔ, duì ma?

B: Duì. Wǒ xiǎng shì zhèyàng.

词汇 Lessico

▲ 课文生词
Vocaboli

会	（动）	huì	sapere, potere
说	（动）	shuō	dire, parlare
听说	（动）	tīngshuō	sentir dire
有意思		yǒuyìsi	interessante
怎么样	（代）	zěnmeyàng	come, in che modo
觉得	（动）	juéde	sentirsi
难	（形）	nán	difficile
容易	（形）	róngyì	facile
读	（动）	dú	leggere
写	（动）	xiě	scrivere
对	（形）	duì	giusto, corretto
这么	（代）	zhème	così

▲ 课文专有名词
Nomi propri

英语	（语言名）	Yīngyǔ Inglese

意大利语	（语言名）	Yìdàlìyǔ Italiano

▲ 补充课文生词
Vocaboli supplementari

两	（数）	liǎng	due
怎么说		zěnme shuō	come dire, come si dice
姐姐	（名）	jiějie	sorella maggiore
因为	（连）	yīnwèi	perché
汉字	（名）	hànzì	carattere cinese
幅	（量）	fú	*classificatore*
画	（名）	huà	quadro
好看	（形）	hǎokàn	bello (da guardare)
首	（量）	shǒu	*classificatore*
唱歌	（动）	chànggē	cantare
唱	（动）	chàng	cantare
歌	（名）	gē	canzone
兴趣	（名）	xìngqù	interesse
这样	（代）	zhèyàng	tale

注 释 Note

1 语气助词"了"
La particella modale 了

语气助词"了"用在句尾，肯定事态出现了变化或即将出现变化。本课中"你的汉语怎么样了""我会说一点儿汉语了"两个句子中的"了"，都是语气助词，表示某种新情况的发生或可能发生。再如：

La particella modale 了 (le) ricorre alla fine della frase per indicare un cambiamento avvenuto o imminente. Per esempio: nelle frasi 你的汉语怎么样了 (nǐ de Hànyǔ zěnmeyàng le), 我会说一点儿汉语了 (wǒ huì shuō yìdiǎnr Hànyǔ le) presenti in questa lezione, la particella 了 (le) è di tipo modale e indica la manifestazione o il possibile manifestarsi di una nuova situazione. Ecco altri esempi:

> 我会写汉字了。　　　　现在我觉得学习汉语不难了。
>
> 我哥哥有工作了。　　　　我喜欢吃中国菜了。

有时语气助词"了"用在句末，表示一种赞叹、感慨的感情色彩，这时形容词前面常带有副词"太"。例如：

A volte la particella modale 了 (le) in fine di frase può indicare una sfumatura di ammirazione o di eccitazione, in tal caso l'aggettivo presente nella frase è a sua volta preceduto dall'avverbio 太 (tài, troppo). Es.:

> 写汉字太有意思了!　　　汉语太难学了!
>
> 这个人太好了!　　　　中国菜太好吃了!

2 动词或能愿动词"会"
Verbo o verbo ausiliare 会

"会"既是动词也是能愿动词。"会"作动词时表示"熟悉、通晓或具有某种能力"。例如：

会 (huì) può essere un verbo o un ausiliare. Nel primo caso significa "conoscere bene, capire perfettamente o possedere una data abilità". Es.:

> 我会英语，不会汉语。

"会"作能愿动词时有"懂得怎样做或有能力做某事"。"会"在本课里是能愿动词。再如：

Come ausiliare significa "capire come si fa o saper fare qualcosa". In questa lezione è usato appunto in quest'ultima accezione. Ecco altri esempi:

我会写汉字。　　　　　我不会唱歌。

3 你说得对。
Hai ragione

"得"是结构助词。用在动词或形容词的后边，连接表示程度的补语。例如：

得 (de) è una particella strutturale. Impiegata dopo un verbo o un aggettivo introduce il complemento di grado. Es.:

你的汉语说得很好。　　　　　你的口语说得不错。

你的意大利语学得怎么样了？　　　他来得很早。

4 我觉得汉语很难。／我觉得多说、多写就不太难学。
Penso che il cinese sia difficile./Io penso che se lo si parla e scrive tanto non è troppo difficile.

汉语动词"觉得"作谓语时，后面常常跟一个小句作宾语。例如：

Il verbo 觉得 (juéde) in funzione di predicato è spesso seguito da una breve frase in funzione di oggetto. Es.:

我觉得饺子很好吃。　　　　　我觉得他不会汉语。

我们都觉得听汉语、说汉语不太难，写汉字很难。

我觉得中国菜很好吃。

练习　Esercizi

1 请把语气助词"了"放在下面的句子中，并说出其含义
Inserire la particella modale alla fine di ciascuna frase, quindi spiegarne il significato

1) 我觉得学习汉语太 (tài, troppo) 有意思。

2) 他会说汉语。

3) 我们都会写一点儿汉字。

4) 老师说得太对。

5) 写中国字太不容易。

6) 她喜欢吃中国的饺子。

7) 我有兴趣学习汉语。

2 请在下面的句子中填上程度补语
Inserire nella frase un complemento di grado

例如：他会说汉语。——他的汉语说得很好。

1) 我的汉语学得_____。

2) 保罗汉字写得_____。

3) 她妈妈的中国菜做得_____。

4) 这儿的汤做得_____。

5) 她每天来得_____。

6) 他们的歌唱得_____。

7) 我每天学习得_____。

8) 我们的老师说得_____。

9) 你的汉语学得_____?

3 请在下面的句子中填上适当的量词
Inserire negli spazi il classificatore corretto

1) 那（　　　　）中国老师我认识。

2) 我要了一（　　　　）饺子和一（　　　　）牛肉炒面。

3) 这（　　　　）画太好看了。

4) 我很喜欢听这（　　　　）歌。

5) 我喝了一（　　　　）可乐，大明喝了一（　　　　）鸡蛋汤。

6) 我每天喝一（　　　　）绿茶。

4 请把下面的词组成句子
Comporre delle frasi utilizzando le seguenti parole ed espressioni

1) 也　汉语　难　容易　不　不

2) 很　汉语　意思　学习　有

3) 都　幅　每个　是　画　汉字　一

4) 说　唱　在　一　歌　就是　汉语　首

5) 好　是　　位　　老师　兴趣　一

5　请完成下面句子
Completare le seguenti frasi

1) 我觉得＿＿＿＿＿＿＿＿＿＿。
2) 我觉得＿＿＿＿＿＿＿＿＿＿。
3) 我觉得＿＿＿＿＿＿＿＿＿＿。
4) 我觉得＿＿＿＿＿＿＿＿＿＿。
5) 我觉得＿＿＿＿＿＿＿＿＿＿。
6) 我觉得＿＿＿＿＿＿＿＿＿＿。

6　请用"会"完成下面的对话
Completare i dialoghi utilizzando 会 (huì)

1) A:＿＿＿＿＿＿＿＿＿＿＿？
   B: 我喜欢听，但是不会唱。
2) A:＿＿＿＿＿＿＿＿＿＿＿？
   B: 我会英语和一点儿汉语。
3) A: 你会做中国菜吗？
   B:＿＿＿＿＿＿＿＿，我每星期去我朋友家吃中国菜。
4) A: 你会画中国画吗？
   B:＿＿＿＿＿＿＿＿，但我很喜欢看中国画。
5) A: 你会做意大利面条吗？
   B:＿＿＿＿＿＿＿＿，在家我每天都做意大利面条。

7　阅读短文
Leggere il brano

　　保拉学习汉语两年了，她觉得学习汉语很有意思。说汉语是在唱歌，写汉字是在画画。学习汉语要有兴趣，兴趣是一位好老师，没有兴趣就学不好汉语。学习汉语还要多听、多说、多读、多写，这样你就会觉得学习汉语容易了，不会觉得很难了。

有关汉语的知识

汉语是世界上历史最悠久的、最发达的语言之一。无论过去还是现在，汉语都有很大的影响，拥有重要的地位。

从广义上讲，汉语就是汉民族的语言，包括古代汉语和现代汉语；狭义上指现代汉语中的普通话。普通话是中国现阶段法定的国家通用语言，它是以北京语音为标准（语）音、以北方话为基础方言，以典范的现代白话文著作为语法规范的现代汉民族共同语。

汉语是一种有声调的语言，分为四个声调。汉字起源于图画，由笔画构成，是一种表意文字。其字形发展大致经历了甲骨文、金文、篆书、隶书和楷书五种形式。

由于汉语形成发展的历史长，使用人口多，通行范围广，因此在发展过程中产生了许多方言。汉语方言俗称"地方话"，是语言的一种地方变体。

汉语也是世界上使用人数最多的一种语言，世界上大约有五分之一的人将汉语作为母语。除了中国以外，汉语还分布在新加坡、马来西亚等国家。汉语也曾对周边国家的语言文字产生过重要影响。例如日语、韩语、越南语中都保留有大量的汉语借词以及汉语书写体系文字。汉语也是联合国的工作语言之一。随着中国越来越多地参与国际事务，汉语也将更多地发挥它的独特作用。

La lingua cinese

Ill cinese è una delle lingue più antiche e sviluppate del mondo, ha sempre esercitato, in passato come oggi, una grande influenza sia in Cina che all'estero, occupando una posizione importante.

In senso lato per lingua cinese si intende la lingua dell'etnia Han, comprendente il cinese antico e il cinese moderno; in senso stretto, invece, indica il *putonghua* (o lingua comune) del cinese moderno. Il *putonghua* è una lingua diffusa a livello nazionale, stabilita per legge nella fase moderna della storia cinese, basata sulla pronuncia del dialetto di Pechino e sul gruppo di dialetti del nord, le cui regole grammaticali sono basate sulla lingua vernacolare (*baihua*) moderna.

Il cinese è una lingua di tipo tonale, distinguendo tra quattro tipi di toni. La scrittura è un sistema di tipo ideografico i cui caratteri sono derivati da disegni e sono composti da un determinato numero di tratti. Lo sviluppo della scrittura cinese ha attraversato cinque fasi: iscrizioni oracolari, iscrizioni su bronzi, grafia del sigillo, grafia degli scribi e grafia regolare.

La lingua cinese si è sviluppata nel corso di una storia lunghissima, coinvolgendo una popolazione smisurata e con una vasta area di diffusione, era pertanto inevitabile che nel processo di formazione si sviluppassero molti dialetti. I dialetti del cinese sono comunemente definiti varianti locali della lingua cinese.

Il cinese è la lingua oggi più parlata al mondo, circa un quinto della popolazione mondiale usa il cinese come madrelingua. Oltre alla Cina, il cinese è parlato anche a Singapore, in Malesia e in altre aree geografiche. Il cinese, inoltre, ha fortemente influenzato le lingue e le scritture dei paesi limitrofi. Per esempio il giapponese, il coreano e il vietnamita hanno conservato una grande quantità di prestiti dal cinese e forme di scrittura derivate dal cinese. Il cinese fa parte delle lingue ufficiali dell'Onu. Con l'aumentata partecipazione della Cina agli eventi internazionali anche il ruolo della lingua cinese acquisterà sempre maggior peso e specificità.

比一比　Lingue a confronto

汉语数量词的用法与意大利冠词用法的比较

Confronto tra l'uso delle espressioni numerale-classificatore in cinese e l'uso degli articoli in italiano

例句 ① 我有两本书。Ho due libri.

② 我的三位老师都是中国人。I miei tre insegnanti sono tutti cinesi.

③ 我要四盘饺子和四碗鸡蛋汤。Vorrei quattro piatti di ravioli e quattro zuppe all'uovo.

④ 桌子上的六个苹果都是红的。Le sei mele sul tavolo sono rosse.

汉语量词是汉语中特有的一种词类。其用法是当名词前有数词修饰时，数词后面一定要带有量词。换句话来说，数词不可以直接修饰名词，后面一定要有量词一起来修饰名词，例如上面的汉语例句①、②、③、④。意大利语中没有量词，很多人认为汉语的量词和意大利语中的冠词相似，其实两者有本质的不同（此处不详细阐述）。一般来说，意大利语的数词可以直接用在名词前，不一定都需要冠词（见意大利语例句①、③），而需要用冠词的意大利语句子应将冠词放在数词前（见意大利语例句②、④）。有些初学者在使用汉语数词时，常常忘记使用量词，请一定记住汉语与意大利语在这点上的区别。

I classificatori cinesi sono una categoria lessicale particolare. Il loro uso prevede che siano collocati tra il numerale e il nome, sono obbligatori se c'è un numerale, in altre parole, il numerale non può precedere direttamente un nome, come si può vedere negli esempi in cinese ① , ② , ③ e ④. In italiano invece non esistono classificatori, perciò molti ritengono che i classificatori cinesi corrispondano agli articoli italiani, ma in realtà le due forme sono profondamente diverse (non entriamo qui in un maggiore dettaglio). In generale, i numerali in italiano possono essere collocati direttamente davanti al nome e non necessariamente richiedono l'articolo (si vedano gli esempi in italiano ① e ③); laddove ce ne sia bisogno, l'articolo ricorre prima del numerale (come negli esempi ② e ④). Ai principianti capita spesso in cinese di dimenticare di inserire il classificatore dopo il numerale: attenzione a distinguere chiaramente questa differenza nell'uso dei numerali in italiano e in cinese!

第九课 咱们去银行

Nona lezione　Andiamo in banca

课文 | Testo

■ 汉语课文
Testo in cinese

A: 大明，下午我想去银行换钱，你能和我一起去吗？

B: 可以，没问题。你想几点去？

A: 你知道银行几点开门、几点关门吗？

B: 银行一般上午八点开门，下午六点关门。

A: 下午三点半你有时间吗？

B: 有。咱们在哪儿见面呢？

A: 三点一刻我去你那儿找你吧。

B: 好的。

（在银行）

B: 保罗，你取钱还是换钱？

A: 我想换钱，我换人民币。

B: 那好，我们先去右边拿号。

（10分钟后）

A: 小姐，我想换钱。

C: 请问，您换什么钱？

A: 我换人民币。

C: 您换多少？

A: 我换200欧元的人民币。

C: 好的，请等等……先生，这是您的钱，一共1580元人民币，您数数。

A: 对了。谢谢您！再见！

C: 不客气。再见！

■ 补充课文
Testo supplementare

去邮局寄信
All'ufficio postale per spedire una lettera

A: 请问，寄一封信到上海要多长时间？

B: 你寄什么信，平信吗？平信可能要六天左右。

A: 六天？太慢了！寄快件呢？

B: 寄快件最多两天就到了。不过，寄快件要贵一点儿。

A: 贵一点儿没关系。我想寄快件。要多少钱？

B: 你等一下儿，我看看……从这儿到上海，要十九块五（毛）。

A: 好的，给您钱。

B: 你给了二十元，找你五毛。

A: 谢谢！

B: 不客气，走好！

■ 汉语拼音课文
Testo in Pinyin

A: Dàmíng, xiàwǔ wǒ xiǎng qù yínháng huàn qián, nǐ néng hé wǒ yìqǐ qù ma?

B: Kěyǐ, méi wèntí. Nǐ xiǎng jǐ diǎn qù?

A: Nǐ zhīdào yínháng jǐ diǎn kāimén、jǐ diǎn guānmén ma?

B: Yínháng yìbān shàngwǔ bā diǎn kāimén, xiàwǔ liù diǎn guānmén.

A: Xiàwǔ sān diǎn bàn nǐ yǒu shíjiān ma?

B: Yǒu. Zánmen zài nǎr jiànmiàn ne?

A: Sān diǎn yí kè wǒ qù nǐ nàr zhǎo nǐ ba.

B: Hǎo de.

(Zài yínháng)

B: Bǎoluó, nǐ qǔ qián háishi huàn qián?

A: Wǒ xiǎng huàn qián, wǒ huàn Rénmínbì.

B: Nà hǎo, wǒmen xiān qù yòubian nà hǎo.

(Shí fēnzhōng hòu)

A: Xiǎojiě, wǒ xiǎng huàn qián.

C: Qǐngwèn, nín huàn shénme qián?

A: Wǒ huàn Rénmínbì.

C: Nín huàn duōshao?

A: Wǒ huàn liǎngbǎi Ōuyuán de Rénmínbì.

C: Hǎo de, qǐng děngdeng… Xiānsheng, zhè shì nín de qián, yígòng yìqiān wǔbǎi bāshí yuán Rénmínbì, nín shǔshu.

A: Duì le. Xièxie nín! Zàijiàn!

C: Bú kèqi. Zàijiàn!

■ 汉语拼音补充课文
Testo supplementare in Pinyin

Qù yóujú jì xìn

A: Qǐngwèn, jì yì fēng xìn dào Shànghǎi yào duō cháng shíjiān?

B: Nǐ jì shénme xìn, píngxìn ma? Píngxìn kěnéng yào liù tiān zuǒyòu.

A: Liù tiān? Tài màn le! Jì kuàijiàn ne?

B: Jì kuàijiàn zuì duō liǎng tiān jiù dào le. Búguò, jì kuàijiàn yào guì yìdiǎnr.

A: Guì yìdiǎnr méi guānxi. Wǒ xiǎng jì kuàijiàn. Yào duōshao qián?

B: Nǐ děng yíxiàr, wǒ kànkan… Cóng zhèr dào Shànghǎi, yào shíjiǔ kuài wǔ (máo).

A: Hǎo de, gěi nín qián.

B: Nǐ gěile èrshí yuán, zhǎo nǐ wǔ máo.

A: Xièxie!

B: Bú kèqi, zǒuhǎo!

词汇 Lessico

▲ 课文生词
Vocaboli

换	（动）	huàn	cambiare
钱	（名）	qián	denaro, soldi
能	（动）	néng	potere, essere capace
一起	（副）	yìqǐ	insieme
可以	（动）	kěyǐ	potere, essere possibile

没问题		méi wèntí	non c'è problema
开门	（动）	kāimén	aprire la porta
开	（动）	kāi	aprire
门	（名）	mén	porta
关门	（动）	guānmén	chiudere la porta
关	（动）	guān	chiudere
一般	（形）	yìbān	di solito, in

			generale
咱们	（代）	zánmen	noi (include l'interlocutore)
刻	（量）	kè	*classificatore*
找	（动）	zhǎo	cercare, visitare
取	（动）	qǔ	prelevare
人民币	（名）	Rénmínbì	*renminbi*
右边	（名）	yòubian	destra
拿	（动）	ná	prendere
多少	（代）	duōshao	quanto, quanti
欧元	（名）	Ōuyuán	euro
等	（动）	děng	aspettare
一共	（副）	yígòng	in tutto, in totale
数	（动）	shǔ	contare
不客气		bú kèqi	prego

▲ 补充课文生词
Vocaboli supplementari

寄	（动）	jì	spedire
封	（量）	fēng	*classificatore*
信	（名）	xìn	lettera
到	（动）	dào	arrivare
平信	（名）	píngxìn	lettera ordinaria
可能	（副）	kěnéng	forse
太	（副）	tài	troppo
慢	（形）	màn	lento
快件	（名）	kuàijiàn	posta celere
最	（副）	zuì	il più
最多		zuì duō	al massimo
贵	（形）	guì	costoso
给	（动）	gěi	dare
元	（量）	yuán	*yuan*
毛	（量）	máo	*mao* (un decimo di *yuan*)
走	（动）	zǒu	camminare

注 释 Note

1 人民币
Renminbi

在中国，通用的货币叫"人民币"，单位是"元"。"元"以下还有"角"和"分"，（随着经济的发展，"分"这个小单位现在几乎不用了）。一元等于十角，一角等于十分。在口语里，我们常把"元"叫"块"，把"角"叫"毛"。说具体钱数时，可以在最后加一个"钱"字。当"毛"或"分"是最后一个单位时，常常省去。例如：

La moneta usata in Cina è il *renminbi* 人民币 , la cui unità di misura è lo *yuan* 元 . Le unità inferiori allo *yuan* sono il *jiao* 角 e il *fen* 分 (in seguito allo sviluppo economico, i *fen* sono quasi del tutto scomparsi). Uno *yuan* equivale a dieci *jiao*, mentre un *jiao* equivale a dieci *fen*. Nella lingua parlata lo *yuan* viene spesso detto *kuai* 块, i *jiao* vengono detti *mao* 毛. Quando ci si riferisce a somme di denaro concrete, si può aggiungere alla cifra la parola 钱. Es.:

> 0.06 元——六分——六分（钱）
>
> 0.80 元——八角——八毛（钱）
>
> 3.50 元——三元五角——三块五毛（钱）
>
> 12.00 元——十二元——十二块（钱）
>
> 2.25 元——两元两角五分——两块两毛五（分）
>
> 42.50 元——四十二元五角——四十二块五（毛）

如果数字中间有"零"，最后一个单位必须说出来。例如：

> 10.80 元读作"十块零八毛"
>
> 130.06 元读作"一百三十块零六分"

Se nel numero c'è 零 (líng), l'ultima unità deve essere espressa. Es.:

> 10.80 元 si legge 十块零八毛
>
> 130.06 元 si legge 一百三十块零六分

如果是用阿拉伯数字写出来的钱数，后边的单位量词一定要用"元"。例如：

Se la somma di denaro è espressa in numeri romani bisogna necessariamente utilizzare alla fine l'unità/classificatore 元 (yuán). Es.:

> 0.01 元——一分（钱）
>
> 0.20 元——两毛（钱）
>
> 5.00 元——五块（钱）

注　意

不能把"0.20元"说成"两毛零分"或"二十分"，不能把"5.00元"说成"五块零毛零分"。

Nota bene: 0.20元 non può essere letto 两毛零分 (liǎng máo líng fēn) o 二十分 (èrshí fēn); non si può leggere 5.00 元 (yuán) come 五块零毛零分(wǔ kuài líng máo líng fēn).

2 动态助词 "了"
La particella aspettiva 了

动态助词 "了" 用在动词后，表示动作的完成。如果动词后面有宾语、数量补语或趋向补语，"了" 应用在宾语或补语前。例如：

La particella aspettiva 了 (le) ricorre dopo i verbi indicando il completamento dell'azione. Se il verbo è seguito da un oggetto, da un complemento di quantità o direzionale, la particella 了 (le) li precede. Es.:

您给了二十元。   我买了三本汉语书。

我们已经学会了很多汉字。   大家一起唱了一首歌。

动态助词 "了" 用在动词后,语气助词 "了" 用在句尾（详见第八课）,两者位置不同、语义不同，因此在使用时一定要注意。

La particella aspettiva 了 (le) segue direttamente il verbo, mentre la particella modale ricorre in fine di frase (si veda la lezione 8). Le due particella sono diverse per posizione e significato, pertanto si deve fare attenzione nel loro impiego.

3 动词重叠
Raddoppiamento dei verbi

汉语中的许多动词可以重叠使用，重叠后的动词，表示动作经历的时间短、动作反复多次、轻松或尝试等意义。单音节动词的重叠形式是 AA 或 A 一 A（重叠形式 AA 中的第二个音节应该读成轻声，而 A 一 A 中间的 "一" 要读成轻声）；双音节动词的重叠形式是 ABAB（重叠形式 ABAB 中的两个 "B" 都要读成轻声）。例如：

In cinese molti verbi si possono usare raddoppiandoli. Il raddoppiamento del verbo può indicare che l'azione ha breve durata, oppure è ripetuta più volte, oppure sottolinea che l'azione ha un carattere rilassato e casuale, o di tentativo. Il raddoppiamento dei verbi monosillabici si realizza secondo lo schema AA, oppure A—A (nel raddoppiamento di tipo AA, la seconda sillaba va pronunciata al tono neutro, mentre in quello di tipo A 一A, 一 deve essere pronunciato al tono neutro); il raddoppiamento dei verbi bisillabici si realizza secondo lo schema ABAB (in questo caso le sillabe in posizione "B" si pronunciano al tono neutro). Es.:

等等 (děngdeng)   等一等 (děng yi děng)

数数 (shǔshu)   数一数 (shǔ yi shǔ)

看看 (kànkan)   看一看 (kàn yi kàn)

4 "咱们"和"我们"的区别

La differenza fra i pronomi 咱们 e 我们

"咱们"和"我们"都是代词,都可以表示包括自己在内的一些人。所不同的是,"我们"在大多数情况下仅指说话人一方,不包括听话人在内,它在口语和书面语中都可以用。例如:明天我们一起去吃饭,你去吗?"咱们"则包括了说话人和听话人双方,多用于口语。例如:下课以后咱们一起走吧。

Questi due sostituti personali (di prima persona plurale) indicano il parlante e una o più persone. La differenza tra i due consiste nel fatto che nella maggior parte dei casi 我们 (wǒmen) indica soltanto il parlante e non comprende l'interlocutore; può essere usato sia nella lingua colloquiale che nella lingua scritta. Per es.: 明天我们一起去吃饭,你去吗? (Míngtiān wǒmen yìqǐ qù chīfàn, nǐ qù ma? Noi domani andiamo a mangiare assieme, tu vieni?)

咱们 (zánmen) invece include sempre sia il parlante che l'interlocutore ed è più spesso usato nella lingua parlata. Es.: 下课以后咱们一起走吧。(Xiàkè yǐhòu zánmen yìqǐ zǒu ba, Dopo la lezione andiamo a vie assieme, va bene?)

5 好的

Va bene

"好的"可单独成句,是口语中常用的句子,意思是表示同意。例如:

L'espressione 好的 (hǎo de) può costituire una frase a se stante; è un'espressione spesso usata nella lingua parlata per esprimere consenso. Es.:

    1) A: 从这儿到上海,要十九块五(毛)。

       B: 好的,给您钱。

    2) A: 我换两百欧元的人民币。

       B: 好的,请稍候。

6 "几"和"多少"

几 e 多少

提问"十"以下的数目时,一般用"几","几"的后面一般要用量词。例如:

Nel formulare domande relative a quantità inferiori a dieci, si usa normalmente il sostituto

几 (jǐ), seguito da un classificatore. Es.:

你家有几口人？　　　　你有几本汉语书？

你有几个哥哥？　　　　保罗一共唱了几首歌？

"多少"代表的数目可大可小，可以直接和名词连用。例如：

多少 (duōshao) può rappresentare una cifra grande o piccola, e può precedere direttamente il nome. Es.:

你们大学有多少学生？　　你会写多少汉字？

这盘饺子多少钱？　　　　保罗换了多少人民币？

练习　Esercizi

1 请正确、快速地读出下面的钱数，并用汉字写出来
Leggere rapidamente e correttamente le somme di denaro sottoindicate, quindi trascriverle in caratteri

50元	12.30元	100.08元	0.8元
0.02元	2.75元	120.04元	14.00元
297.30元	645元	23.08元	984.32元
832.04元	517.00元	0.18元	0.9元

2 请将动态助词"了"填在下面句子里适当的位置
Inserire la particella aspettiva 了 (le) nella posizione corretta

1) 我和哥哥昨天 (zuótiān, ieri) 吃面条。

2) 今天早上我去大学。

3) 那位小姐找我两块五毛钱。

4) 今天上午我给爸爸、妈妈寄一封快件，保拉给她的朋友寄一封平信。

5) 保罗去银行换两百欧元的人民币。

6) 今天上午我去银行取钱，在那儿 (nàr, lì) 等二十分钟。

3 选择适当的动词重叠形式填空（教、写、问、看、听、说、等、数）

Inserire negli spazi i verbi 教 (jiāo)，写 (xiě)，问 (wèn)，看 (kàn)，听 (tīng)，说 (shuō)，等 (děng)，数 (shǔ)，secondo lo schema di raddoppiamento più adatto

1) 我有一个问题，可以_____你吗？

2) 我不会做中国菜，你可以_____我吗？

3) 晚上我一般在家_____书，_____汉字。

4) 我们很想_____保罗用意大利语唱歌。

5) 这是找你的钱，请你_____。

6) 王老师现在不在，请你_____，好吗？

7) 请你_____这个汉字是什么意思，好吗？

4 请完成下列对话

Completare i dialoghi

1) A: 大明，星期天你做什么？
   B: _____。

2) A: 王丽，这个星期六的晚上你在家吗？
   B: _____。

3) A: 保罗，你每天写汉字吗？
   B: _____。

4) A: 保拉，你觉得学习汉语很难吗？
   B: _____。

5) A: 芭芭拉，你的朋友汉语说得都很好吧？
   B: _____。

5 请根据课文内容回答问题

Rispondere alle domande in base al testo della lezione

1) 保罗下午去银行做什么？

2) 保罗是一个人去银行的吗？

3) 银行几点开门、几点关门？

4) 保罗和大明几点、在哪儿见面？

5) 保罗和大明在银行等了多长时间？

6) 保罗要换什么钱?

7) 保罗一共换了多少人民币?

6 阅读短文
Leggere il brano

    保罗想去银行换钱,他叫大明和他一起去。大明下午有时间,可以和保罗一起去。他们三点一刻在大明家见面,然后 (ránhòu, dopo) 一起去银行。

    他们三点半到了银行,不过,银行的人很多,他们在那儿等了很长时间。保罗一共换了两百欧元的人民币,他数好钱以后,和大明去了邮局。

    在邮局,保罗给他的朋友寄了一封快件,两天以后他的朋友就可以看到保罗寄给他的信了。保罗想,他的朋友看到他的信以后,一定会很高兴。

文化点滴 Pillole di cultura

中国的银行

    中国有着自己完整的银行体系,各类银行规模不等,功能各异。

    中国的银行有中国工商银行、中国农业银行、中国银行、中国建设银行四大国家独资商业银行和交通银行、光大银行、招商银行、华夏银行、中国民生银行、中信银行、深圳发展银行、上海浦东发展银行、广东发展银行、福建兴业银行等股份制商业银行。这些银行是以经营存、放款,办理转账结算为主要业务,并以盈利为主要经营目标的金融企业。各商业银行在经营存、放款,办理转账结算等方面差别不大,均可办理个人和公众的储蓄、贷款和各类结算等业务,一般也都开通外汇业务。当然各银行也有各自的特色。

    中国银行主要经营外汇业务,是中国境内第一家代理国外旅行支票业务的银行。

    中国工商银行以办理工商企业的信贷、结算、现金管理和工资基金监督、城镇居民储蓄为主要业务。

    中国农业银行最初以农村信贷、结算业务为主。

    中国建设银行主要承担中长期投资信贷业务。

    目前中国境内以人民币为法定的流通货币,禁止外币流通。中国银行及其他的外汇指定银行可进行外币旅行支票或外国信用卡兑换人民币的业务。现在可以兑换的外币包括美元、欧元、英镑、日元、加拿大元等。人民币汇率随时在变动，如2012年11月15日人民币汇率为：1美元兑换6.2252元人民币；1欧元兑换7.9177元人民币；1元人民币兑换12.8905日元；1英镑兑换9.8619元人民币……当天汇率可在银行进行查询，并按当时的汇率进行各种币种的兑换。

Le banche cinesi

La Cina possiede un sistema bancario completo, composto da un'enorme quantità di banche diverse per dimensioni e funzioni. Le quattri banche nazionali a capitale unico, la Banca Industriale e Commerciale di Cina, la Banca dell'Agricoltura di Cina, la Banca di Cina e la Banca di Cina per la Costruzione, e ancora, le banche a capitale azionario, tra cui la Banca delle Comunicazioni, la Banca Guangda, la Banca d'Affari, la Banca Huaxia, la Banca Cinese Minsheng, la Banca Cinese del Credito Industriale, la Banca dello Sviluppo di Shenzhen, la Banca dello Sviluppo di Pudong di Shanghai, la Banca dello Sviluppo del Guangdong e la Banca Industriale del Fujian. Esse si occupano principalmente di depositi bancari, emissione di mutui, trasferimento e chiusura di conti correnti, inoltre sono delle finanziarie a scopo di lucro, Non ci sono grandi differenze nella gestione di tutte queste attività tra le varie banche commerciali, le quali possono gestire depositi bancari sia privati sia pubblici, ogni tipo di mutui e di pagamenti bancari, e, in genere, sono tutte in grado di gestire operazioni in valuta straniera. Naturalmente ciascuna di esse mantiene anche una sua specificità.

La Banca di Cina gestisce soprattutto le operazioni in valute straniere ed è la prima banca nazionale autorizzata ai servizi per i Traveller Cheque stranieri.

La Banca Industriale e Commerciale si occupa soprattutto di crediti finanziari, pagamenti e contanti, del controllo dei fondi salariali e dei depositi dei residenti urbani.

La Banca dell'Agricoltura inizialmente gestiva i crediti e i pagamenti nelle zone rurali.

La Banca per la Costruzione supporta principalmente il settore degli investimenti e dei crediti a media e lunga scadenza.

Attualmente la moneta ufficiale circolante in Cina è il *renminbi*, non è ammessa la circolazione di valuta straniera. La Banca di Cina e le altre banche autorizzate ai servizi in valuta straniera possono gestire Traveller Cheque e il servizio di cambio in *renminbi* tramite carte di credito emesse all'estero. Possono essere cambiate le seguenti valute: dollari, euro, sterline inglesi, *yen*, dollari canadesi e altre. Il cambio ufficiale del *Renminbi* è in costante variazione, per esempio il 15 novembre del 2012 il cambio in dollari era pari a 6,2252 *renminbi* per un dollaro; 7,9177 *renminbi* per un euro, mentre un *renminbi* veniva cambiato a 12,8905 yen; il cambio in sterline era di 9,8619 *renminbi* per una sterlina… Il tasso attuale può essere verificato in banca, dove, inoltre, si può effettuare qualsiasi operazione di cambio da e in qualsiasi valuta in base al tasso di cambio corrente.

"一起"在汉语和意大利语中的位置

La posizione della parola "insieme" in cinese e in italiano

例句 **1** 我和保罗一起工作。(Io) lavoro insieme a Paolo.

2 今年我和芭芭拉一起去北京。Quest'anno io e Barbara andiamo insieme a Pechino.

3 我们今天一起吃饭。Oggi mangiamo insieme.

4 我们一起学习汉语和法语。Studiamo insieme il cinese e il francese.

小　结

副词"一起"在汉语和意大利语中的位置是不同的。从上面的例句我们可以看出，汉语副词"一起"应用在动词前面（如汉语例句），而意大利语副词"一起"则用在动词之后（如意大利语例句），这一区别初学者一定要注意。

Sintesi: l'avverbio "insieme" in cinese e in italiano ricorre in posizioni diverse. Dagli esempi risulta che in cinese ricorre prima del verbo, mentre in italiano lo segue.

第十课 你做什么工作
Decima lezione Che lavoro fai

课文 | Testo

■ 汉语课文
Testo in cinese

1) A: 保拉，听说你爸爸在意大利是一位经理，是吗？

   B: 是啊。他在一家服装公司工作，他是那儿的经理。

   A: 你妈妈呢？

   B: 她不工作，她在家做家务，她是家庭主妇。

   A: 听说你还有一个哥哥，你哥哥工作了吗？

   B: 我哥哥工作了，他是银行的职员。

   A: 毕业以后你想做什么，也想当个经理吗？

   B: 我不想当经理，经理每天都很忙！我想在中国当意大利语老师，还可以去很多地方旅游。这样的生活更有意思。

2) A: 您好！请问，您是做什么工作的？

   B: 我是旅行社的导游。

   A: 做导游很有意思啊，可以去很多地方，认识很多朋友。

请问，您在哪个旅行社？

B: 青年旅行社。您呢？

A: 我是《大学生》杂志社的记者。认识您很高兴。这是我的名片。

B: 谢谢！我也很高兴认识您。

■ 补充课文
Testo supplementare

你喜欢什么工作？
Che lavoro ti piacerebbe fare?

A: 大明，听说你以前是一位导游，是吗？

B: 是的。我大学毕业以后去了一家旅游公司，在那儿工作了两年。

A: 当导游不错啊，为什么你不做了？

B: 你知道，当导游要去很多地方，很辛苦！现在我在报社工作也不错啊，我很满意。保罗，明年你毕业以后想做什么？

A: 我还没想好。你看，我是学经济专业的，毕业以后我很想去一家贸易公司工作，这样，我的汉语就有用了。

B: 你说得对。祝你好运！

■ 汉语拼音课文
Testo in Pinyin

1) A: Bǎolā, tīngshuō nǐ bàba zài Yìdàlì shì yí wèi jīnglǐ, shì ma?

B: Shì a. Tā zài yì jiā fúzhuāng gōngsī gōngzuò, tā shì nàr de jīnglǐ.

A: Nǐ māma ne?

B: Tā bù gōngzuò, tā zài jiā zuò jiāwù. Tā shì jiātíng zhǔfù.

A: Tīngshuō nǐ hái yǒu yí gè gēge, nǐ gēge gōngzuòle ma?

B: Wǒ gēge gōngzuò le, tā shì yínháng de zhíyuán.

A: Bìyè yǐhòu nǐ xiǎng zuò shénme, yě xiǎng dāng gè jīnglǐ ma?

B: Wǒ bù xiǎng dāng jīnglǐ, jīnglǐ měi tiān dōu hěn máng! Wǒ xiǎng zài Zhōngguó dāng Yìdàlìyǔ lǎoshī, hái kěyǐ qù hěn duō dìfang lǚyóu. Zhèyàng de shēnghuó gèng yǒuyìsi.

2) A: Nín hǎo! Qǐngwèn, nín shì zuò shénme gōngzuò de?

B: Wǒ shì lǚxíngshè de dǎoyóu.

A: Zuò dǎoyóu hěn yǒuyìsi a, kěyǐ qù hěn duō dìfang, rènshi

hěn duō péngyou. Qǐngwèn,
nín zài nǎge lǚxíngshè?

B:　Qīngnián Lǚxíngshè. Nín ne?

A:　Wǒ shì «Dàxuéshēng» zázhì-
　　shè de jìzhě. Rènshi nín hěn
　　gāoxìng. Zhè shì wǒ de
　　míngpiàn.

B:　Xièxie! Wǒ yě hěn gāoxìng
　　rènshi nín.

■ 汉语拼音补充课文
Testo supplementare in Pinyin

Nǐ xǐhuan shénme gōngzuò?

A:　Dàmíng, tīngshuō nǐ yǐqián
　　shì yí wèi dǎoyóu, shì ma?

B:　Shìde. Wǒ dàxué bìyè yǐhòu

qùle yì jiā lǚyóu gōngsī, zài
nàr gōngzuòle liǎng nián.

A:　Dāng dǎoyóu búcuò a, wèi-
　　shénme nǐ bú zuò le?

B:　Nǐ zhīdào, dāng dǎoyóu yào
　　qù hěn duō dìfang, hěn xīnkǔ!
　　Xiànzài wǒ zài bàoshè gōng-
　　zuò yě búcuò a, wǒ hěn mǎnyì.
　　Bǎoluó, míngnián nǐ bìyè
　　yǐhòu xiǎng zuò shénme?

A:　Wǒ hái méi xiǎnghǎo. Nǐ kàn,
　　wǒ shì xué jīngjì zhuānyè de,
　　bìyè yǐhòu, wǒ hěn xiǎng qù
　　yì jiā màoyì gōngsī gōngzuò,
　　zhèyàng, wǒ de Hànyǔ jiù
　　yǒuyòng le.

B:　Nǐ shuō de duì. Zhù nǐ hǎoyùn!

词汇 Lessico

▲ 课文生词
Vocaboli

经理	（名）	jīnglǐ	direttore, manager
啊	（助）	a	particella modale, ah
服装	（名）	fúzhuāng	abbigliamento
家务	（名）	jiāwù	lavori domestici
家庭主妇		jiātíng zhǔfù	padrona di casa, casalinga
毕业	（动）	bìyè	laurearsi
忙	（形）	máng	occupato
旅游	（动）	lǚyóu	viaggiare
生活	（名）	shēnghuó	vita
更	（副）	gèng	ancor più
旅行社	（名）	lǚxíngshè	agenzia di viaggi
导游	（名）	dǎoyóu	guida turistica
青年	（名）	qīngnián	giovane

杂志社（名）zázhìshè　casa editrice
di periodici o riviste

记者　（名）jìzhě　giornalista

▲ 补充课文生词
Vocaboli supplementari

以前（名）yǐqián　prima
不错（形）búcuò　buono, valido
辛苦（形）xīnkǔ　duro, faticoso

报社（名）bàoshè　editore del
giornale

满意（动）mǎnyì　soddisfatto
经济（名）jīngjì　economia
专业（名）zhuānyè specializzazione
贸易（名）màoyì　commercio
有用（形）yǒuyòng utile
祝　（动）zhù　augurare
好运（名）hǎoyùn　(buona) fortuna

注 释　Note

1 "是……的" 句
La struttura 是……的

在现代汉语中有一种由"是……的"结构构成的句子，我们把带有这种结构的句子称为"是……的"句。在"是……的"句中，可以把"是……的"看作是一个整体结构。它像一个活动的框子套在句中，需要的时候可以套上去，不需要的时候可以省略，但并不影响句子的基本意思。从"是……的"结构在句子中的作用来看，"是……的"句有两类：一、说明句子意义重点（我们将在以后学到）；二、表示语气，本课学习的是此类结构。本课的"你是做什么工作的"一句中"是"和"的"可以省略，意思不变，但加上"是"和"的"以后语气加重了。再如，"我是学经济专业的"一句，去掉"是"和"的"，句子的意思同样不变，但是用了"是"和"的"以后，语气加强了，强调"我是学经济专业，而不是学其他专业"。例如：

Nel cinese moderno esiste un tipo di frase in cui ricorrono il verbo 是 (shì) e la particella 的 (de), chiamata struttura o frase 是……的 (shì…de). Si tratta di una struttura particolare una sorta di cornice mobile all'interno della frase che si può inserire o togliere quando necessario senza incidere sul significato essenziale della frase stessa. Dal punto di vista della funzione, esistono due tipi di struttura 是……的 (shì…de): 1) un tipo che serve a spiegare il significato centrale della frase (che studieremo più avanti); 2) un tipo che agisce sul tono del parlante, e che troviamo appunto in questa lezione. Per esempio nella frase 你是做什么工作的 (nǐ shì zuò shénme gōngzuò de) 是 (shì) e 的 (de) si possono omettere senza alterare il significato della frase, tuttavia, se usiamo la struttura 是……的 (shì…de) il tono ne risulta rafforzato. Oppure, nella frase 我是学经济专业的 (wǒ shì xué jīngjì zhuānyè de), possiamo omettere 是 (shì) e 的 (de) senza cambiare il suo significato, ma usandoli si sottolinea il fatto che il parlante si specializza in economia e non in un'altra materia. Per es.:

我是学汉语的，不是学法语的。

我是威尼斯大学的，不是米兰大学的。

我是最喜欢吃饺子的，保罗是最喜欢吃面条的。

我觉得汉语是最难的，英语是最简单的。

2 助词 "啊"
La particella 啊

"啊"是语气助词，用在陈述句末。"啊"有多种用法，在本课中表示肯定的语气。例如：
啊 (a) è una particella modale che ricorre alla fine di frasi dichiarative. Ha diversi impieghi. In questa lezione esprime un tono di conferma. Es.:

1) A: 听说你爸爸在意大利是一位经理，是吗？

    B: 是啊。

2) 做导游很有意思啊。

3 做导游很有意思
Fare la guida è interessante

在现代汉语中，名词、代词及名词性词组经常作主语，但一些非名词及非名词性词组也可以作主语。此句中的主语就是由动宾词组 "做导游" 担任的。再如：
Nel cinese moderno i nomi, i sostituti e i sintagmi nominali ricoprono spesso la funzione di soggetto, ma la stessa funzione può essere svolta anche da elementi non nominali. In questa frase, per esempio, la funzione di soggetto è svolta da un sintagma verbale formato da verbo + oggetto: 做导游 (zuò dǎoyóu). Ecco altri esempi:

学习汉语很难。 当老师很辛苦。

寄挂号信很快。 去银行换钱要等三十分钟。

4 不错

Bene, non male

"不错"有"对、好"等意思，是口语中常用的词语。本课里的"不错"是"好"的意思，例如：

不错 (búcuò) ha lo stesso significato di 对 (duì), 好 (hǎo), è un'espressione molto usata nella lingua parlata. In questa lezione 不错 (búcuò) significa 好. Es.:

当导游不错啊。　　　现在我在报社工作也不错啊。

5 祝你好运

Buona fortuna

这是一句祝福语。在中国，表达祝福时，常用的表达形式是"祝＋你／您／你们／其他称谓＋祝福语"，这里的祝福语指的是表达美好祝愿的话。再如：

Si tratta di un augurio. In Cina per porgere degli auguri, si usa spesso la formula: "祝 (zhù)+ 你 (nǐ)/ 您 (nín)/ 你们 (nǐmen)/ altri appellativi + termine augurale", nella frase d'esempio il termine augurale è un auspicio di buona fortuna. Ecco altri esempi:

祝你新年快乐! (Zhù nǐ xīnnián kuàilè!)　祝你身体健康! (Zhù nǐ shēntǐ jiānkāng!)
祝你们学习进步! (Zhù nǐmen xuéxí jìnbù!) 祝您万事如意! (Zhù nín wànshì-rúyì!)

练习 Esercizi

1 请把下面的句子改成带有"是……的"的句子

Riscrivere le seguenti frasi usando la struttura 是……的（shì…de)

例如：我喜欢吃饺子。→我是喜欢吃饺子的。

1) 我走着来上学。

2) 我来中国学习汉语。

3) 保罗去银行取钱。

4) 做记者很辛苦。

5) 银行下午六点半关门。

6) 我做过 (guo, *particella*) 导游工作。

2 请把下面的句子改成由动宾词组作主语的句子
Riscrivere le seguenti frasi usando un sintagma verbo-oggetto in funzione di soggetto

例如：我很喜欢学汉语。→学汉语我很喜欢。

1) 我不太喜欢写汉字。
2) 我们认识保拉很高兴。
3) 我很喜欢学经济。
4) 大家都喜欢听保罗唱歌。
5) 他很高兴当我的汉语老师。

3 用课文里的生词填空
Riempire gli spazi con vocaboli di questa lezione

1) 我爸爸在意大利是一位_____，这是他的名片。
2) 我妈妈不工作，她在家做_____，她是_____。
3) 我哥哥在_____，他是_____。
4) 我不想当_____，我想在_____当_____，还可以去很多地方_____，我觉得这样的_____更有意思。
5) 我是学_____的，毕业以后，我很想去一家_____公司工作，这样，我的汉语就_____了。

4 请完成下列对话
Completare i dialoghi

1) A: 保罗，你爸爸在一家服装公司工作吗？

   B: _____,_____,

   _____。

   A: 你哥哥也在服装公司工作吗？

   B: _____,_____,

   _____。

   A: 你妈妈呢？

   B: _____,_____,

   _____。

2) A: 我是《大学生》杂志社的记者，这是我的名片。你做什么工作？

   B: 以前＿＿＿＿＿＿＿＿＿＿＿＿＿＿＿＿＿，现在＿＿＿＿＿＿＿＿＿＿＿＿＿＿＿＿。

   A: 你喜欢你现在的工作吗？

   B: ＿＿＿＿＿＿＿＿＿＿＿＿＿＿＿＿＿，＿＿＿＿＿＿＿＿＿＿＿＿＿＿＿＿＿，

   ＿＿＿＿＿＿＿＿＿＿＿＿＿＿＿＿。

   A: 祝你好运！

   B: ＿＿＿＿＿＿＿＿＿＿＿＿＿＿＿！

5 成段表达练习
Esercizio di espressione orale

1) 介绍一下你的家庭。(Presenta la tua famiglia)

2) 说说大明的工作经历。(Parla dell'esperienza lavorativa di Daming)

3) 说说毕业以后你最想做的工作。(Parla del lavoro che ti piacerebbe più fare dopo la laurea)

6 阅读短文
Leggere il brano

　　我叫王丽，两年前我大学毕业了，去了一家报社工作。我在那儿当记者，每天很忙，也很辛苦。现在我换了一个工作，在一家旅游公司当导游。我很满意我现在的工作。现在我每天也很辛苦，不过很有意思。我可以去很多地方，还可以认识很多朋友，我觉得这样的生活更有意思。

中国人的工作观

中国有句俗话叫作"三百六十行，行行出状元"，用这句话来说明眼下中国人对工作的看法，真是再恰当不过了。

在中国人的传统观念中，对待工作的态度并不一样。古人的观念中就有"官本位"的思想。他们普遍认为，做官是最高尚的职业，因此人人争而为之，而认为其他工作都是次要的。

但是到了现代中国，随着经济的发展和思想的解放，这种传统的观念已经完全改变了。如今在人们的观念里，各行各业都具有平等的地位，并无高低上下之分。中国人在选择工作时，也主要是从自己的兴趣爱好出发，并不会对工作本身有什么顾虑，只要做的是正当行业，都会受到人们的尊敬。以前那种把工作分成不同的等级、区别对待的做法已经不复存在。为官再也不是读书人唯一的出路，只要有能力，任何工作都可以做得很出色。

Il concetto di lavoro per i cinesi

In Cina esiste il detto "si può eccellere in qualsiasi professione", questa frase ci fa capire quanto i cinesi di oggi abbiano una visione assai appropriata delle professioni.

Eppure l'atteggiamento tradizionale rispetto alle tipologie di lavoro non era affatto così.

Gli antichi ritenevano che "fare il funzionario fosse la più importante e rispettabile delle professioni", infatti, pensavano in genere che fosse la professione più nobile, e quindi tutti aspiravano a un posto da funzionario, giudicando le altre professioni secondarie.

Nella Cina di oggi con lo sviluppo economico e l'emancipazione del pensiero, questi concetti tradizionali sono ormai del tutto superati. Agli occhi dei contemporanei ogni professione si equivale, senza alcuna discriminazione d'importanza. I cinesi scelgono la propria professione soprattutto in base ai propri interessi e gusti personali; non hanno particolari remore riguardo al lavoro, purché si tratti di un'attività legittima, ogni professione è rispettabile. Le discriminazioni e le gerarchie di un tempo verso certi tipi di professioni non esistono più. Diventare funzionario non è più l'unico sbocco per le persone che hanno studiato: se si hanno delle capacità, qualsiasi lavoro può essere svolto in maniera brillante.

"以后"、"以前"在汉语和意大利语中的位置
La posizione di "dopo" e "prima" in cinese e in italiano

例句 **①** 毕业以后我要去中国工作。Dopo che mi sarò laureato, andrò a lavorare in Cina.

② 去中国以前我要学好汉语。Prima di andare in Cina devo imparare bene il cinese.

③ 新年以后我去中国。Dopo Capodanno cavo in Cina.

④ 晚饭以前我们学习汉语。Prima di cena studiamo cinese.

⑤ 三天以前我收到了这封信。Tre giorni fa ho ricevuto questa lettera.

⑥ 一个月以后我妈妈和爸爸来看我了。Un mese dopo mia mamma e mio papà sono venuti a trovarmi.

⑦ 一个月以后我妈妈和爸爸来看我。Tra un mese mia mamma e mio papà verranno a trovarmi.

小　结

汉语方位名词"以前"、"以后"可以用来表示时间。"以前"、"以后"的前面可以是名词、动词或者数量词组、动词性词组、名词性词组（如汉语例句①"以后"前面是动词；例句②"以前"前面是动宾词组；例句③"以后"前面是名词；例句④"以前"前面是名词；例句⑤"以前"前面是数量词组；例句⑥、⑦"以后"前面都是数量词组）。

从上面的例句我们可以看出，如果在"以前"、"以后"前面的是动词、名词或者动词性词组、名词性词组，意大利语和汉语的语序不同（如例句①、②、③、

④）；数量词组在"以前"的前面，意大利语和汉语的语序相同（如例句⑤）；数量词组在"以后"的前面，如果句子是过去时，意大利语和汉语的语序相同（如例句⑥）；如果句子是将来时，意大利语和汉语的语序不同（如例句⑦）。对此初学者一定要注意。

Sintesi: i nomi di luogo 以前 (yǐqián) e 以后 (yǐhòu) possono esprimere in cinese anche il tempo. Entrambe le forme possono essere precedute da nomi, verbi, sintagmi numerali, sintagmi verbali o nominali [si vedano gli esempi: nell'①以后 (yǐhòu) è preceduto da un verbo, nell'esempio②以前 (yǐqián) è preceduto da un sintagma verbo-oggetto, nell'esempio③以后 (yǐhòu) è preceduto da un nome, nel④以前 (yǐqián) è preceduto un nome e, nell'esempio⑤da un sintagma numerale. Infine nell'esempio⑥ e ⑦以后 (yǐhòu) è preceduto da un sintagma numerale].

Da ciò si può desumere che l'ordine dei costituenti della frase in cinese e in italiano è dissimile nel caso in cui 以前 (yǐqián) e 以后 (yǐhòu) siano preceduti da verbi, nomi o sintagmi verbali e nominali (esempi ①,②,③ e ④). Quando un sintagma numerale precede "以前 (yǐqián)" (prima) l'ordine dei costituenti in cinese e in italiano è il medesimo (es.⑤); quando un sintagma numerale precede "以后 (yǐhòu)" (dopo), se la frase è al tempo passato, italiano e cinese hanno lo stesso ordine dei costituenti (es.⑥); se invece la frase è al futuro, l'ordine è differente (es.⑦). E' bene che agli inizi si faccia attenzione a questa particolarità.

第十一课 你住哪儿
Undicesima lezione Dove abiti

课文 Testo

■ 汉语课文
Testo in cinese

1) A: 王丽，听说你搬家了？

   B: 是啊，以前住的地方比较小，也比较吵。

   A: 现在你住哪儿？

   B: 现在我住在花园小区，在人民路57号。

   A: 我知道那个小区，那是个很漂亮的生活小区，有很多漂亮的楼房。现在你住在那儿满意吗？

   B: 满意。那个小区很舒服，又干净又安静，我和家人都很满意。欢迎你来我家玩儿！

   A: 好啊，谢谢！

2) A: 保罗，你在哪儿呢？

   B: 我在酒店呢。你有事儿吗？

   A: 对。有点儿事儿。现在我可以去你的房间吗？

   B: 当然可以，你来吧。你知道酒店的地址吗？

   A: 我知道，是不是那个北京大酒店？

B: 对。在东大街280号。

A: 我知道了，离我家不太远，我坐102路公共汽车，十分钟就到了。

B: 那好吧。我在房间里等你。再见！

A: 再见！

■ 补充课文
Testo supplementare

怎么走？
Da che parte si va?

A: 保拉，你知道博物馆在哪儿吗？

B: 对不起，我不知道，我们问问别人吧。

A: 师傅，请问，去博物馆怎么走？

C: 博物馆？哦，离这儿不太远。从这儿一直往前走，到前面红绿灯那儿再往左拐，看见一座白色的大楼，就到了。

B: 离这儿有多远？

C: 大概三四百米。

A: 谢谢！

C: 不客气！

■ 汉语拼音课文
Testo in Pinyin

1) A: Wáng Lì, tīngshuō nǐ bānjiā le?

B: Shì ā, yǐqián zhù de dìfang bǐjiào xiǎo, yě bǐjiào chǎo.

A: Xiànzài nǐ zhù nǎr?

B: Xiànzài wǒ zhù zài Huāyuán Xiǎoqū, zài Rénmín Lù 57 hào.

A: Wǒ zhīdào nàge xiǎoqū, nà shì gè hěn piàoliang de shēnghuó xiǎoqū, yǒu hěn duō piàoliang de lóufáng. Xiànzài nǐ zhù zài nǎr mǎnyì ma?

B: Mǎnyì. Nàge xiǎoqū hěn shūfu, yǒu gānjìng yòu ānjìng, wǒ hé jiārén dōu hěn mǎnyì. Huānyíng nǐ lái wǒ jiā wánr!

A: Hǎo a, xièxie!

2) A: Bǎoluó, nǐ zài nǎr ne?

B: Wǒ zài jiǔdiàn ne. Nǐ yǒu shìr ma?

A: Duì. Yǒu diǎnr shìr. Xiànzài wǒ kěyǐ qù nǐ de fángjiān ma?

B: Dāngrán kěyǐ, nǐ lái ba. Nǐ zhīdào jiǔdiàn de dìzhǐ ma?

A: Wǒ zhīdào, shì bu shì nàge Běijīng Dà Jiǔdiàn?

B: Duì. Zài Dōng Dàjiē 280 hào.

A: Wǒ zhīdào le, lí wǒ jiā bú tài yuǎn, wǒ zuò 102 lù gōnggòng qìchē, shí fēnzhōng jiù dào le.

B: Nà hǎo ba. Wǒ zài fángjiān li děng nǐ. Zàijiàn!

A: Zàijiàn!

■ 汉语拼音补充课文
Testo supplementare in Pinyin

Zěnme zǒu?

A: Bǎolā, nǐ zhīdào bówùguǎn zài nǎr ma?

B: Duìbuqǐ, wǒ bù zhīdào, wǒmen

wènwen biérén ba.

A: Shīfu, qǐngwèn, qù bówùguǎn zěnme zǒu?

C: Bówùguǎn? Ò, lí zhèr bú tài yuǎn. Cóng zhèr yìzhí wǎng qián zǒu, dào qiánmiàn hóng-lǜdēng nàr zài wǎng zuǒ guǎi, kànjiàn yí zuò bái sè de dà lóu, jiù dào le.

B: Lí zhèr yǒu duō yuǎn?

C: Dàgài sān-sìbǎi mǐ.

A: Xièxie!

B: Bú kèqi!

词汇 Lessico

▲ 课文生词
Vocaboli

搬家	（动）	bānjiā	traslocare, cambiare casa
搬	（动）	bān	traslocare
住	（动）	zhù	abitare
地方	（名）	dìfang	luogo
比较	（副）	bǐjiào	abbastanza, piuttosto
吵	（形）	chǎo	rumoroso
花园	（名）	huāyuán	giardino
花	（名）	huā	fiore
区	（名）	qū	zona
路	（名）	lù	strada, via
楼房	（名）	lóufáng	edificio (a più piani)
楼	（名）	lóu	edificio, piano
舒服	（形）	shūfu	comodo, confortevole
干净	（形）	gānjìng	pulito
安静	（形）	ānjìng	tranquillo
欢迎	（动）	huānyíng	(dare il) benvenuto
酒店	（名）	jiǔdiàn	albergo
事儿	（名）	shìr	cosa, fatto
房间	（名）	fángjiān	stanza

当然 （副）	dāngrán	naturalmente	
地址 （名）	dìzhǐ	indirizzo	
东 （名）	dōng	est	
街 （名）	jiē	via	
离 （介）	lí	da	
远 （形）	yuǎn	lontano	
坐 （动）	zuò	sedersi	
公共汽车	gōnggòng qìchē	autobus	

		direzione di
前 （名）	qián	avanti, davanti
前面 （名）	qiánmiàn	davanti
红绿灯 （名）	hóng-lǜdēng	semaforo
左 （名）	zuǒ	sinistra
拐 （动）	guǎi	voltare, girare
看见 （动）	kànjiàn	vedere
座 （量）	zuò	*classificatore*
白 （形）	bái	bianco
色 （名）	sè	colore
大概 （副）	dàgài	probabilmente
米 （量）	mǐ	*classificatore*

▲ 补充课文生词
Vocaboli supplementari

博物馆 （名）	bówùguǎn	museo
别人 （代）	biérén	gli altri
师傅 （名）	shīfu	maestro, capo
哦 （叹）	ò	ah
一直 （副）	yìzhí	sempre, diretto
往 （介）	wǎng	verso, in

▲ 课文专有名词
Nomi propi

北京大酒店 (地名) Běijīng Dà Jiǔdiàn
Hotel Pechino

注 释 Note

1 号码的读法
Pronuncia dei numeri

号码中的数字为基数词时，三位以上的（不管有多少位数字），每个数字都要一个一个地读出。为了避免"1"和"7"混淆，"1"可以读成 yāo。例如：

Se le cifre che compongono i numeri cardinali sono superiori a tre (a prescindere da quante siano in tutto), vanno pronunciate una a una. Per evitare la confusione con il "7", l'"1" può essere pronunciato yāo. Es.:

5733104　　应读：wǔ qī sān sān yāo líng sì

347 房间　　　应读：sān sì qī fángjiān
161 号　　　　应读：yāo liù yāo hào
102 路　　　　应读：yāo líng èr lù

② 我住在花园小区
Abito nella zona residenziale Huayuan

"在"是介词，跟后面表处所的名词组成介词词组，作补语。例如：

在 (zài) è una preposizione, il sintagma nominale locativo che la segue forma con essa un sintagma preposizionale in funzione di complemento. Es.:

我住在威尼斯。　　　　　　　　　现在我住在中国。

③ 离我家不太远
Non è molto lontano da casa mia

一般说，"离"常用来作动词，但在本课为介词。由"离"组成的结构在句子中作状语，表示时间和空间的距离。例如：

Di solito, la parola "离" è usata come verbo, ma in questa lezione è usata come preposizione. Il sintagma formato con la preposizione 离 (lí) svolge nella frase la funzione di determinante verbale e indica una distanza temporale o spaziale. Es.:

我家离老师家不远。　　　　　　这儿离博物馆远吗？
现在离银行关门的时间还有五分钟。　离吃晚饭的时间还早，我们在这儿再待十分钟。

④ 又干净又安静
È sia pulito sia tranquillo

课文这个句子中的"又……又……"连接两个并列的形容词。一般说来，"又……又……"用来表示并列关系，强调两种情况或特征同时存在，没有先后顺序。"又"的后面可以是形容词或形容词词组，也可以是动词或动词词组。当"又……又……"连接的是形容词时，形容词的前面不能再用其他副词修饰了。例如：

In questa frase la struttura 又……又…… (yòu…yòu…) viene usata per congiungere fra loro due aggettivi, è una forma di congiunzione di coordinazione che sottolinea la coesistenza di due situazioni o caratteristiche, senza alcun rapporto di successione temporale. 又 (yòu) può essere seguito da un aggettivo o da un sintagma aggettivale, o anche da un verbo o da un sintagma verbale. Quando si tratta di un aggettivo, questo non può essere preceduto da nessun altro avverbio. Es.:

这个盘子又大又圆（yuán，rotondo）。（√）　　这里又干净又安静。（√）

这个盘子又很大又很圆。（×）　　　　　这里又太干净又太安静。（×）

她又吃又喝。（√）　　　　　　　　　他又唱又跳（tiào）。（√）

他又不吃又不喝。（√）　　　　　　　大家又说又笑（xiào）。（√）

5 从这儿一直往前走
Da qui vai/vada sempre dritto

"往"在本句中是介词，一般来说，介词"往"与表示方位或地点的词语组成介词词组，可在句子中作状语，用来表示行为或动作的方向。例如：

往（wǎng）è una preposizione in questa frase. Normalmente forma un sintagma preposizionale in combinazione con localizzatori o nomi di luogo, potendo svolgere la funzione di determinante verbale all'interno della frase, per indicare la direzione in cui si svolge l'atto o l'azione. Es.:

你往前走，就能看见博物馆了。　　　往左走不远，就是我们大学。

练习 Esercizi

1 请准确读出下面的号码
Leggere correttamente i numeri nell'esercizio

301号房间	214路公共汽车	604号房间	519路公共汽车
5916008	010-35792468	3496743888	13459671120

2 请把"在"填在下面句子中适当的位置上
Inserire 在 (zài) nella posizione corretta

1) 我爸爸家，我妈妈不家。

2) 我现在住花园小区，我的朋友也花园小区住。

3) 我学习汉语，我哥哥学英语。

4) 保拉北京大学学习汉语。

5) 我跟朋友饭店（fàndiàn）吃饭。

6) 她和保罗排队换钱。

7) 王老师不家，他上课。

8) 王丽和保罗明天上午九点酒店见面。

3 请选择括号里的词，放在下面句子中恰当的位置上
Inserire le parole tra parentesi nella posizione più adatta

（在、离、自）

1) 花园小区北京大酒店不远。
2) 我来罗马，他来威尼斯。
3) 我博物馆等你，一会儿见。
4) 我住北京大酒店前面。
5) 这位老师来中国的北京。
6) 大学博物馆不太远，走路要十分钟左右。

4 请用"又……又……"把下面的词语连接起来组成句子
Formare delle frasi collegando le espressioni indicate tramite la struttura 又……
又……(yòu…yòu…)

例如：多　　好　→　　这里的菜又多又好。
1) 快　　　好
2) 吃　　　喝
3) 舒服　　干净
4) 忙　　　没意思
5) 渴　　　饿
6) 说　　　唱

5 请正确选择"那儿、哪儿、这儿"填空
Inserire correttamente negli spazi 那儿 (nàr), 哪儿 (nǎr) o 这儿 (zhèr)

1) 明天我们一起去离我家不远的那个书店买书，（　　　）的书很多。
2) 从你（　　　）到我（　　　）远吗？
3) 明天我们要去（　　　）买书？
4) 晚饭后我们都去保罗（　　　）唱歌。
5) （　　　）的酒店怎么样？
6) 你知道在（　　　）可以换钱吗？

6 请把介词"往"放在下面句子中合适的位置上

Inserire la preposizione 往 (wǎng) nella posizione più adatta all'interno delle frasi

1) 你一直前走，就会看见一个红绿灯。
2) 以前（yǐqián）写汉字是从上下，从右左，现在也是这样吗？
3) 请大家前看，那就是这儿最大的博物馆。
4) 从这儿前走就是银行，左拐有一个酒店。
5) 前走 500 米，再左拐，你就能看见那座漂亮的白色大楼了。

7 阅读短文

Leggere il brano

　　王丽的家住在花园小区人民路 57 号。那儿是一个很漂亮的生活小区，有很多漂亮的楼房。她以前住的地方比较小，也比较吵，现在住的这个小区很舒服，又干净又安静。王丽和她的家人都很满意。

　　保罗住在北京大酒店，离王丽的家不太远，坐 105 路公共汽车，大概十五分钟就到了。

　　保罗一直想去博物馆看看。今天保罗来到王丽家，他想请王丽和他一起去。从王丽家一直往前走，过红绿灯，再往左拐，就可以看见一个漂亮的白色大楼，那就是博物馆。

文化点滴 Pillole di cultura

中国人的居住观

　　中国人的生活观念中有四件大事，即"衣、食、住、行"。而传统思维中又有"安土重迁"的观念，因此，对于自己的居住条件，中国人是有考究的。

　　中国人选居住地有看"风水"的习惯。所谓的风水观念，就是古人认为住宅周围的风向水流等自然物或其他隐含的力量会影响居住者的运气，使其富贵或败落。所以房屋的位置必须和周围的环境相适应。

　　在中国传统观念中，建宅选地基讲究"坐北朝南"，忌讳"坐南朝北"，这是根据特定的地理、气候环境为避风向阳而设的。

选址之后就是择日建房了。对于选择时日，中国人也很在意，一般要选"黄道吉日"，就是传统观念中认为比较吉利的日子，如果日子选择不当，就会气运不佳，诸事不顺。

如今，中国的城市建筑也在向统一化、国际化转变，选址建房也多考虑经济、地理、文化因素，而对于一些习俗则更多的是保留其精华、科学的部分。

I cinesi e la casa

Per i cinesi ci sono quattro cose importanti nella vita: "abiti, cibo, casa e spostamenti", ossia essere vestiti adeguatamente, avere abbastanza di che nutrirsi, una casa in cui vivere e possibilità di circolare facilmente. Nella cultura tradizionale, inoltre, esisteva anche un forte attaccamento alla propria terra natale. Perciò i cinesi hanno precise esigenze rispetto al luogo in cui abitare.

Nella scelta del luogo in cui abitare, i cinesi seguono le usanze legate alla geomanzia (*fengshui*, letteralmente "vento e acqua"). Il concetto di *fengshui* si basa sull'antica credenza cinese che la direzione del vento e dei corsi d'acqua in un dato luogo, insieme ad altri elementi naturali nonché alle energie in essi contenute, possono influenzare il destino delle persone che abitano in quel luogo, determinando la loro fortuna economico-sociale o il loro declino. Pertanto, la posizione della casa deve essere in armonia con l'ambiente circostante.

Sempre in base alla concezione tradizionale dei cinesi, la scelta del luogo in cui sorgerà una casa si basa sull'idea che essa dovrà "affacciarsi verso sud e dare le spalle al nord", mentre è considerato tabù costruirla con "la facciata verso nord e il retro a sud": ciò deriva da considerazioni di carattere atmosferico-ambientale, per riparare l'abitazione dal vento ed esporla al sole.

Oltre alla scelta del luogo, i cinesi sono molto sensibili anche alla scelta della data d'inizio per la costruzione della casa. Si deve scegliere un giorno propizio, se non fosse così, la scelta di un giorno nefasto potrebbe causare sfortuna e difficoltà in tutte le proprie attività.

Attualmente l'urbanistica in Cina tende verso una visione unitaria e, in linea con i principi internazionali, nella scelta del luogo intervengono altri fattori come quello economico, geografico e culturale, mentre della visione tradizionale si conserva ancora la parte più scientifica e raffinata.

汉语中表处所的疑问代词"哪儿"在意大利语中的位置

La posizione del termine di luogo "dove" in cinese e in italiano

例句 **①** 你住在哪儿？ Dove abiti?

② 我在哪儿等你？ Dove ti aspetto?

③ 在哪儿可以找到这本书？ Dove si può trovare questo libro?

④ 这些东西，你在哪儿买的？ Dove hai comprato queste cose?

⑤ "哪儿是故乡？" Dov'è il tuo paese natale?

⑥ "哪儿有树，哪儿就是鸟的天堂。" Dove ci sono alberi, è il paradiso degli uccelli.

小 结

通过上面的例句，我们可以看出汉语表处所的疑问代词"哪儿"的位置比较灵活，既可以放在动词前作地点状语（如例句②、③、④）；也可以放在动词后作补语（如例句①）；又可以在句首作主语（例句⑤、⑥），而意大利语中的"哪儿"一般放在句首作主语，这一点请大家一定注意。

Sintesi: Attraverso gli esempi si può vedere come la posizione del sostituto interrogativo "dove" in cinese sia piuttosto mobile: può essere collocato davanti a un verbo come determinante verbale di luogo (esempi ②, ③ e ④); può anche essere collocato dopo il verbo in funzione di complemento (esempio ①); infine può ricorrere come soggetto all'inizio della frase (esempi ⑤ e ⑥). In italiano l'avverbio di luogo dove tende invece a ricorrere all'inizio della frase.

第十二课 买东西

Dodicesima lezione　　Fare compere

课 文 ｜ Testo

■ 汉语课文
Testo in cinese

1) A: 王丽，明天我要去旅游了，你陪我去买点儿东西，好吗？

B: 好啊。你想去哪儿，去超市还是去自由市场？

A: 去超市。听说咱们学校附近新开了一家大超市，那儿的东西又多又好。

B: 好，走吧。

（在超市）

B: 芭芭拉，你想买些什么？

A: 我想买点儿面包、水果，还要两三瓶矿泉水。

B: 这儿的面包和水果都很新鲜。你跟我来……芭芭拉，你还要别的吗？

A: 我不知道，你说呢？

B: 你喜欢吃零食吗？出去旅游，买点儿喜欢吃的零食带着吧。

A: 我喜欢吃牛肉干，还有口香糖！

B: 哈哈，喜欢吃什么就买吧。不

---

114 | 速成汉语 上册

过，口香糖可不是零食。

A: 哈哈，走，我们去付钱吧。

2) A: 大明，晚上有两个朋友要来咱们家吃饭，你下了班去自由市场买些菜吧。

B: 要买水果吗？

A: 对！你再买点儿水果。

（在自由市场）

B: 师傅，这菜花怎么卖？

C: 一斤两块五，很新鲜的！

B: 两块五？太贵了！两块钱一斤，怎么样？

C: 好吧，您买多少？

B: 两斤。这是四块钱，给您。
……

B: 小姐，这西瓜多少钱一斤？

D: 上面写着呢，一块五一斤。不甜不要钱！

B: 那边的苹果呢？

D: 三块。

B: 我买一个西瓜，要八斤左右的。再来两斤苹果。

D: 好的。一共十八块钱。收您二十块，找您两块。

B: 对。谢谢。

D: 您走好！

■ 补充课文
Testo supplementare

买了很多好吃的东西
Abbiamo comprato molte cose buone da mangiare

明天我要和两个朋友去南方旅游。我请王丽陪我去买些东西。我们去了学校旁边的一个大超市。那儿的东西又新鲜又便宜！我们买了很多好吃的东西，有面包、苹果、橘子，还买了一些零食和饮料。从超市出来，我们又去了自由市场，我们买了一个大西瓜。夏天我最喜欢吃西瓜了，又甜又新鲜，很好吃。

■ 汉语拼音课文
Testo in Pinyin

1) A: Wáng Lì, míngtiān wǒ yào qù lǚóu le, nǐ péi wǒ qù mǎi diǎnr dōngxi, hǎo ma?

B: Hǎo a. Nǐ xiǎng qù nǎr, qù chāoshì háishi qù zìyóu shìchǎng?

A: Qù chāoshì. Tīngshuō zánmen xuéxiào fùjìn xīn kāi-le yì jiā dà chāoshì, nàr de dōngxi yòu duō yòu hǎo.

B: Hǎo, zǒu ba.

(Zài chāoshì)

B: Bābālā, nǐ xiǎng mǎi xiē shénme?

A: Wǒ xiǎng mǎi diǎnr miànbāo、shuǐguǒ, hái yào liǎng-sān píng kuàngquánshuǐ.

B: Zhèr de miànbāo hé shuǐguǒ dōu hěn xīnxiān. Nǐ gēn wǒ lái…Bābālā, nǐ hái yào biéde ma?

A: Wǒ bù zhīdào, nǐ shuō ne?

B: Nǐ xǐhuan chī língshí ma? Chūqù lǚyóu, mǎi diǎnr xǐhuan chī de língshí dàizhe ba.

A: Wǒ xǐhuan chī niúròugān, hái yǒu kǒuxiāngtáng!

B: Hāhā, xǐhuan chī shénme jiù mǎi ba. Búguò, kǒuxiāngtáng kě bú shì língshí.

A: Hāhā, zǒu, wǒmen qù fùqián ba.

2) A: Dàmíng, wǎnshang yǒu liǎng gè péngyou yào lái zánmen jiā chīfàn, nǐ xiàle bān qù zìyóu shìchǎng mǎi xiē cài ba.

B: Yào mǎi shuǐguǒ ma?

A: Duì! Nǐ zài mǎi diǎnr shuǐguǒ.

(Zài zìyóu shìchǎng)

B: Shīfu, zhè càihuā zěnme mài?

C: Yì jīn liǎng kuài wǔ, hěn xīnxiān de!

B: Liǎng kuài wǔ? Tài guì le! Liǎng kuài qián yì jīn, zěnmeyàng?

C: Hǎo ba, nín mǎi duōshao?

B: Liǎng jīn. Zhè shì sì kuài qián, gěi nín.

…

B: Xiǎojiě, zhè xīguā duōshao qián yì jīn?

D: Shàngmiàn xiězhe ne, yí kuài wǔ yì jīn. Bù tián bú yào qián!

B: Nàbian de píngguǒ ne?

D: Sān kuài.

B: Wǒ mǎi yí gè xīguā, yào bā jīn zuǒyòu de. Zài lái liǎng jīn píngguǒ.

D: Hǎo de. Yígòng shíbā kuài qián. Shōu nín èrshí kuài, zhǎo nín liǎng kuài.

B: Duì. Xièxie.

D: Nín zǒuhǎo!

■ 汉语拼音补充课文
Testo supplementare in Pinyin

Mǎile hěn duō hǎochī de dōngxi

Míngtiān wǒ yào hé liǎng gè péngyou qù nánfāng lǚyóu. Wǒ qǐng

Wáng Lì péi wǒ qù mǎi xiē dōngxi. Wǒmen qùle xuéxiào pángbiān de yí gè dà chāoshì. Nàr de dōngxi yòu xīnxiān yòu piányi! Wǒmen mǎile hěn duō hǎochī de dōngxi, yǒu miànbāo、píngguǒ、júzi, hái mǎile yì xiē língshí hé yǐnliào. Cóng chāoshì chūlái, wǒmen yòu qùle zìyóu shìchǎng, wǒmen mǎile yí gè dà xīguā. Xiàtiān wǒ zuì xǐhuan chī xīguā le, yòu tián yòu xīnxiān, hěn hǎochī.

词汇 Lessico

▲ 课文生词
Vocaboli

陪	（动）	péi	accompagnare
买	（动）	mǎi	comprare
东西	（名）	dōngxi	cosa
超市	（名）	chāoshì	supermercato
自由市场		zìyóu shìchǎng	mercato libero
学校	（名）	xuéxiào	scuola
附近	（名）	fùjìn	vicino
新	（形）	xīn	nuovo
些	（量）	xiē	*classificatore*
面包	（名）	miànbāo	pane
水果	（名）	shuǐguǒ	frutta
矿泉水	（名）	kuàngquánshuǐ	acqua minerale
新鲜	（形）	xīnxiān	fresco
跟	（介）	gēn	con
零食	（名）	língshí	spuntino, snack
出去	（动）	chūqù	uscire
带	（动）	dài	portare
着	（助）	zhe	*particella*

牛肉干	（名）	niúròugān	bocconcini di carne secca di vitello
口香糖	（名）	kǒuxiāngtáng	gomma da masticare
不过	（连）	búguò	ma
付	（动）	fù	pagare
菜花	（名）	càihuā	cavolfiore
卖	（动）	mài	vendere
斤	（量）	jīn	*classificatore*
西瓜	（名）	xīguā	anguria
上面	（名）	shàngmiàn	sopra
甜	（形）	tián	dolce
那边	（代）	nàbian	là
苹果	（名）	píngguǒ	mela
收	（动）	shōu	ricevere

▲ 补充课文生词
Vocaboli supplementari

南方	（名）	nánfāng	sud
旁边	（名）	pángbiān	a fianco, accanto
便宜	（形）	piányi	economico
橘子	（名）	júzi	mandarino

饮料（名）	yǐnliào	bibita, bevanda		出来（动）	chūlái	uscire
从 （介）	cóng	da		夏天（名）	xiàtiān	estate

注 释 Note

1 兼语句和连动句的合用
Uso combinato di verbi telescopici e verbi in serie

"兼语句"的谓语是由一个动宾短语和一个主谓短语套在一起构成的，谓语中前一个动宾短语的宾语兼作后一个主谓短语的主语。如，"你陪我去超市"一句中的"我"是谓语"陪"的宾语，又是"去"的主语，这样的句子叫兼语句，"我"是兼语。

Il predicato di una costruzione telescopica è dato da un sintagma verbo-oggetto più un sintagma soggetto-verbo, in cui l'oggetto del primo verbo è a sua volta il soggetto del secondo verbo. Per esempio nella frase 你陪我去超市 "nǐ péi wǒ qù chāoshì, mi accompagni al supermercato" 我 (wǒ) è oggetto del verbo 陪 (péi) e soggetto del verbo 去 (qù).

"连动句"是由两个或两个以上的动词或动词性词组作谓语，且共用一个主语的句子。这样的句子是用来表述行为动作发生的方式或先后顺序。因此，两个连用的动词的次序不能颠倒。例如：

Si chiamano "frasi con verbi in serie" quella frasi in cui il predicato è costituito da due o più verbi o sintagmi verbali con un unico soggetto. Ossia, all'interno della frase più verbi condividono lo stesso soggetto. L'ordine dei verbi in una costruzione in serie non può essere invertito. Es.:

> 你下了班去自由市场买些菜吧。
> 我去买点儿东西。
> 我们买点儿喜欢吃的零食带着吧。

以上是三个连动例句。在第一个例句中是动词"下"、"去"和"买"的连用，主语是"你"；在第二个例句中是动词"去"和"买"的连用，主语是"我"；第三个例句中是动词"买"和"带"的连用，主语是"我们"。

Questi sono tre esempi di frasi con verbi in serie. Nella prima frase i verbi in serie sono 下 (xià), 去 (qù) e 买 (mǎi) di tutti e tre il soggetto è 你 (nǐ); nel secondo esempio i verbi in serie sono 去 (qù) e 买 (mǎi) il cui soggetto è 我 (wǒ); nella terza frase infine i verbi in serie sono 买 (mǎi) e 带 (dài) e il soggetto è 我们 (wǒmen).

兼语句和连动句都有表意明确、结构简练的特点，有时人们在表达较复杂的意思时，常常把这两种句式合在一起用。如，在本课中出现的"你陪我去买点儿东西"就是兼语句和连动句的合用，意思是：你陪我。／ 我去买点儿东西。（"我"是兼语）

Le frasi telescopiche e con verbi in serie hanno caratteristiche molto chiare e una precisa struttura, spesso vengono usate assieme per esprimere concetti piuttosto complessi. Come nella frase: 你陪我去买点儿东西 (nǐ péi wǒ qù mǎi diǎnr dōngxi) che significa letteralmente: "Tu accompagni me/io vado a fare la spesa". In questo caso la parola cardine è 我 (wǒ).

2 买点儿喜欢吃的零食带着吧。／ 上面写着呢。
Compera qualche stuzzichino da portarti via./ C'è scritto sopra.

"着"在这里表示状态的持续。可用在动词、形容词后。动词、形容词前不能加"正、在、正在"。例如：

着 (zhe) in questa collocazione ha un valore continuativo. Può essere usato dopo un verbo o un aggettivo. In presenza di 着 (zhe), davanti al verbo o all'aggettivo non si possono premettere 正 (zhēng), 在 (zài), 正在 (zhēngzài). Es.:

> 门（mén, porta）开着呢。
>
> 房间里的灯（dēng, luce）还亮（liàng, accesa）着。

3 我最喜欢吃西瓜了。
L'anguria mi piace tantissimo/è la mia preferita.

此句中的"了"是语气助词，用在句尾，表示一种肯定的语气。再如：

In questa frase 了 (le) è particella modale, ricorre alla fine della frase per indicare cambiamento. Ecco altri esempi:

> 我最喜欢旅游了。
>
> 她最喜欢去超市了。

4 副词"又"与"再"
Gli avverbi 又 e 再

"又"与"再",两个都是副词,都可以表示同一个动作、行为的重复或继续,但两者用法不同。对于已经实现的行为或动作,只能用"又";而对于未实现或将要实现,或是假想的动作、行为,则要用"再"。例如:

又 (yōu) e 再 (zài) sono entrambi avverbi, indicano entrambi la ripetizione o continuazione di una stessa azione, ma vengono usati in modo diverso. Per azioni già realizzate si può usare soltanto 又 (yōu); invece, per azioni non ancora realizzate, d'imminente realizzazione o ipotetiche bisogna usare 再 (zài). Es.:

> 1) 他昨天来了,今天又来了。
>
> 请你明天再来。
>
> 2) 他已经买了两个西瓜了,不能再买了。
>
> 他已经买了一个西瓜了,刚刚又买了一个。

但有一点要注意:当句子所表达的是未实现或将要实现或是假想的动作、行为时,如果句中有"想、要、可以"等能愿动词,这时既可以用"再",又可以用"又",但用"又"时,句末应该加"了"。例如:

Nota bene: quando nella frase ricorrono verbi ausiliari come 想 (xiǎng), 要 (yào) o 可以 (kěyǐ), se l'azione espressa dal verbo non si è realizzata, o si realizzerà nel futuro, oppure se si tratta di un'azione ipotetica, si può usare sia 再 (zài) sia 又 (yōu), con quest'ultimo però la frase deve essere chiusa dalla particella 了 (le). Es.:

> 他又<u>要</u>学习汉语了。
>
> 他又<u>想</u>去中国了。
>
> 我又<u>可以</u>见到我的中国朋友了。
>
> 我<u>想</u>再去一次中国。
>
> 我<u>要</u>再说一遍吗?
>
> 你还<u>可以</u>再来这个地方。

1 在下面的句子中填上适当的动词，组成兼语句和连动句合用的句式

Formare frasi di tipo telescopico e con verbi in serie inserendo nelle seguenti frasi dei verbi appropriati

1) 我（ ）哥哥（ ）超市（ ）零食。

2) 王丽（ ）我（ ）她（ ）看保罗。

3) 保拉（ ）保罗（ ）大学（ ）。

4) 张大明（ ）保罗（ ）两瓶矿泉水（ ）他。

5) 王丽（ ）男朋友（ ）饭馆（ ）饭。

6) 星期天我想（ ）大海（ ）我家（ ）。

2 请在下面句子中适当的位置填上助词"的"

Inserire nelle seguenti frasi la particella strutturale 的 (de)

1) 我带一点儿吃给你。

2) 这个超市东西又便宜又好。

3) 我觉得今天汉语课没有意思。

4) 这件衣服 (yīfu, vestito) 是我新买。

5) 这是我们经理给你名片。

6) 学校旁边银行换钱很方便。

3 请在下面句子中适当的位置填上助词"了"

Inserire la particella 了 (le) nella posizione corretta

1) 我最喜欢吃苹果。

2) 今天我吃很多零食。

3) 现在要上课。

4) 保罗已经会说汉语。

5) 我们都是老朋友。

6) 这里的面条太好吃。

7) 我最喜欢来这个超市买东西。

8) 他们去保罗家。

4 请在下面的括号里填上"再"或"又"

Riempire gli spazi inserendo 再 (zài) o 又 (yòu)

1) 我买了水果和矿泉水，一会儿我（　　）买点儿零食。

2) 我最喜欢吃饺子和面条，今天我（　　）吃了很多。

3) 你妈妈（　　）来找你了。

4) 我想（　　）吃一碗面条。

5) 我什么时候能（　　）见到你？

6) 张大明（　　）唱了一首歌。

7) 明天我（　　）要去书店 (shūdiàn, libreria) 买书了。

8) 我（　　）想吃饺子和面条了。

5 请完成下面对话

Completare il dialogo

A: 明天去旅游，你想带点儿什么吃的东西？

B: _____

A: 我们一起去超市买点儿零食好吗？

B: _____

A: 你喜欢吃哪些零食？

B: _____

A: 零食我们买得不少 (shǎo, poco) 啦，你还要点儿别的吗？

B: _____

6 根据课文回答下列问题

Rispondere alle domande in base al testo della lezione

1) 王丽和芭芭拉去哪儿买东西？

2) 芭芭拉想买什么？

3) 芭芭拉买了哪些零食？

4) 大明去哪儿买东西？买了什么？

5) 菜花、西瓜、苹果各多少钱一斤？

6) 大明一共应该 (yīnggāi, bisogna, dovere) 付多少钱？大明给小姐多少钱？小姐找大明多少钱？

中国货币的发展

　　中国是世界上使用货币最早的国家之一，从开始使用至今，已有大约五千年的历史。在不同的历史时期，中国的货币也呈现出不同的形态。

　　在货币还没有产生以前，人们就用自己生产的产品和别人进行简单的物物交换。后来，由于计数和携带等诸多不便，许多作为交换媒介的物品逐渐被淘汰，只有海贝，因其身光洁美丽，坚固耐用，携带方便，又有天生的自然单位，容易计数，开始被人们广泛使用。这样，"贝"就成了中国最早使用的货币。在中国的汉字中，凡与价值有关的字大都从"贝"，比如"货"、"贵"、"财"、"贫"、"赢"、"败"、"贩"等，就是这个原因。

　　到了商周之际，出现了铜币，天然的"贝"也由于自身的局限而退出了历史的舞台。这样中国的货币就进入了金属铸币阶段。

　　到战国时期，中国的货币形状很多。秦统一中国后，秦始皇统一了货币。因此，从秦开始，历经汉、隋、唐至明、清，中国的铸币基本沿用了秦货币外圆内方的形状。

　　自金、元开始，白银逐渐发挥价值尺度和流通手段的职能，成为当时的流通货币，一直到清末民初，银元都曾被广泛使用。

　　中国也是世界上最早使用纸币的国家。北宋时，随着交换活动的日益频繁，货币流通额增加，纸币便应运而生。北宋创印的纸币"交子"，不但是中国最早的纸币，也是世界上最早的纸币。

　　目前，中国使用的货币被称作"人民币"，以纸币为主，并辅助以元、角、分的金属铸币。

Lo sviluppo della moneta in Cina

La Cina è tra i paesi in cui l'uso della moneta si è sviluppato più anticamente, ha una storia di oltre cinquemila anni. Nel corso di questa lunga storia a ogni fase hanno corrisposto situazioni diverse. Prima che si sviluppasse questo uso, la gente si serviva dei propri prodotti per effettuare semplici scambi di oggetti. In seguito, poiché vi erano problemi di conteggio o di trasporto, gradualmente molti di questi caddero in disuso, e solo le conchiglie presero a diffondersi ampiamente come oggetto di scambio, per la loro superficie lucida e bella, resistente e durevole, e perché facili sia da contare, essendo unità di misura naturali, che da trasportare. Ecco perché le conchiglie divennero le prime "monete" degli antichi cinesi. In base ad alcuni reperti archeologici, le conchiglie erano usate come moneta già nella prima fase dell'epoca

Shang. Per questo, nella scrittura cinese, la maggior parte dei caratteri che riguardano oggetti o concetti di valore contengono il carattere 贝 (bèi, conchiglia): per esempio 货 (huò, merce) , 贵 (guì, prezioso), 财 (cái, bene, proprietà), 贫 (pín, povero), 赢 (yíng, vincere), 败 (bài, perdere, essere sconfitti), 贩 (fàn, rivendere). A cavallo tra gli Shang e i Zhou apparvero le prime monete di bronzo e le conchiglie, per i loro stessi limiti, uscirono di scena. La Cina entrò così nella fase del conio di monete metalliche.

Nell'epoca degli Stati Combattenti, le monete cinesi avevano molte forme diverse. Dopo avere unificato la Cina, il Primo Augusto imperatore di Qin unificò anche le monete, perciò a partire dai Qin fino agli Han, e poi per tutte le altre dinastie cinesi, Sui, Tang, Yuan, fino ai Ming e Qing, la Cina ha sempre usato monete con forma esterna tonda e quadrate all'interno, tipiche dell'era Qin. Fin dalle dinastia Jin e Yuan, le monete d'argento ebbero gradualmente la funzione di unità di misura e di mezzo di circolazione valutaria assurgendo a moneta in tutti i sensi. Furono largamente utilizzate fino alla fine dei Qing e all'inizio dell'era repubblicana.

La Cina fu anche la prima nazione ad adottare la cartamoneta. Con lo sviluppo degli scambi sotto i Song settentrionali (960-1127), il tasso di moneta circolante crebbe, e la cartamoneta ebbe un grande sviluppo. La cartamoneta detta *jiaozi* stampata sotto i Song non fu la solo la prima in Cina ma anche la prima cartamoneta al mondo.

La moneta corrente oggi in Cina è il *Renminbi*, diffuso soprattutto in banconote e con alcune unità monetarie in metallo come gli *yuan*, i *jiao* e i *fen* (centesimi).

比一比 Lingue a confronto

汉语的连动式和兼语式与意大利语中的连动式、兼语式的比较：在意大利语中如何表达汉语的连动式和兼语式
Strutture di verbi in serie e telescopiche in cinese e in italiano

怎样把汉语的连动句和兼语句翻译成意大利语
Come tradurre le frasi telescopiche e i verbi in serie cinesi in italiano

汉语的连动式和意大利语的连动式基本接近，因此在翻译时基本上不会出现问题。请看下面的例句①、②。

Le strutture di verbi in serie del cinese assomigliano sostanzialmente a strutture analoghe in italiano, per questo la traduzione di questo tipo di frasi in italiano di solito non comporta problemi. Si vedano gli esempi ① e ② :

① 我<u>去</u>买菜。   <u>Vado</u> a <u>fare</u> la spesa.

② 今天晚上我们<u>待</u>在家里<u>看</u>录像片。Stasera <u>restiamo</u> a casa a <u>guardare</u> la videocassetta.

而兼语句则是汉语中独有的句式，即第一个动词后面的宾语又作后面动词的主语。例如：
Invece le frasi telescopiche sono una struttura peculiare della lingua cinese, in quanto la parola che segue il primo verbo è nello stesso tempo oggetto del primo e soggetto del secondo verbo. Per es.

① 我请他吃饭。   Lo invito a mangiare.

② 公司派我去中国工作。   L'azienda mi manda a lavorare in Cina.

③ 老师让我写汉字。   L'insegnante mi fa scrivere caratteri cinesi.

兼语例句①中的"他"是谓语"请"的宾语，同时又是后面谓语"吃"的主语；例句②中的"我"是谓语"派"的宾语，同时又是后面谓语"去"的主语。把这种兼语句式翻译成意大利语，一般是先将人称代词宾语（也就是汉语句中的兼语）放在动词的前面（见上面意大利语例句①中"lo"、例句②中的"mi"，例句③中的"mi"），然后采用连动式表达。例如，例句①中的动词 invitare（"邀请"之意）和动词 mangiare（吃），例句②中的动词 mandare（派）和动词 lavorare（工作），（汉语"去中国"在意大利语里变成"在中国"），例句③中的 fare（让……做……）和 scrivere（写）都是连动式的表达。
Nella frase telescopica ① il sostituto 他 (tā) è oggetto del verbo 请 (qǐng) e soggetto del verbo 吃 (chī); allo stesso modo nella frase ② 我 (wǒ) è oggetto del verbo 派 (pài) e nello stesso tempo soggetto del verbo successivo 去 (qù) : nel tradurre queste frasi in italiano la parola cardine in cinese diventa in italiano un pronome posto prima del verbo in funzione di oggetto (per esempio "lo" nella frase ① e "mi" nelle frasi ② e ③), quindi il pronome è seguito da verbi in serie: "invitare" e "mangiare" nella frase ①, "mandare" e "lavorare" nella frase ② e infine, nella frase ③ "fare" e "scrivere".

第十三课　这儿的天气

Tredicesima lezione　Il tempo da queste parti

课文 | Testo

汉语课文
Testo in cinese

1) A: 嗨，朋友们，春天到了，明天咱们去春游吧！

B: 太好了！春天里，百花香！今天我看外面有很多去春游的人，我早想出去走走啦。对了，你们看天气预报了没有？明天的天气怎么样？

C: 我看了。天气预报说，明天阴天，下午有小雨。

A: 还有雨啊？这个星期一直下雨。前两天大雨，昨天小雨。今天天气不错，是个大晴天，可明天还是阴天。真扫兴！

B: 最近是多雨天气。我看这次春游泡汤了。

C: 我的话还没有说完呢，天气预报还说，预计后天天气就会转晴。你们知道，春天的雨，来得快，去得也快。我们后天可以早点儿出发。

A: 是吗？好！不过，后天是星期天，我不能睡懒觉了。

2) A: 今天真冷啊！

   B: 当然冷啦，你知道，今天白天到晚上，最高温度3到4度，最低温度零下10到12度，夜里还会有大风雪呢！

   A: 天哪！这么冷！不过，房间里都有暖气，很暖和。

   B: 我来中国以前听朋友说，这儿的夏天很热，冬天很冷。我真不习惯！

   C: 放心吧，在一个地方住长了，就会慢慢儿地习惯那儿的天气的。

■ 补充课文
Testo supplementare

春天来了
E'arrivata la primavera

　　春天来了，白天长了，夜短了。天气暖和了，不冷了。

　　公园里，草绿了，树叶长出来了。花也开了，有红的，有白的，还有黄的，各种颜色的，真漂亮！

　　春天真好啊！人们都出来了，在公园里、小河边散步，在湖上划船，在花前照相，唱着歌，说着话……公园里都是人们的歌声和笑声，多好啊！我喜欢这样的春天，我喜欢春天里的人们。明天我想和大明、芭芭拉、保拉一起去春游。

■ 汉语拼音课文
Testo in Pinyin

1) A: Hēi, péngyoumen, chūntiān dào le, míngtiān zánmen qù chūnyóu ba!

   B: Tài hǎo le! Chūntiān li, bǎi huā xiāng! Jīntiān wǒ kàn wàimiàn yǒu hěn duō qù chūnyóu de rén, wǒ zǎo xiǎng chūqù zǒuzou la. Duì le, nǐmen kàn tiānqì yùbào le méiyǒu? Míngtiān de tiānqì zěnmeyàng?

   C: Wǒ kàn le. Tiānqì yùbào shuō, míngtiān yīntiān, xiàwǔ yǒu xiǎoyǔ.

   A: Hái yǒu yǔ a? Zhège xīngqī yìzhí xià yǔ. Qián liǎng tiān dàyǔ, zuótiān xiǎoyǔ. Jīntiān tiānqì búcuò, shì gè dà qíngtiān, kě míngtiān háishi yīntiān. Zhēn sǎoxìng!

   B: Zuìjìn shì duō yǔ tiānqì. Wǒ kàn zhè cì chūnyóu pàotāng le.

   C: Wǒ de huà hái méiyǒu shuō-wán ne, tiānqì yùbào hái shuō, yùjì hòutiān tiānqì jiù huì zhuǎn qíng. Nǐmen zhīdào, chūntiān de yǔ,

lái de kuài, qù de yě kuài.
Wǒmen hòutiān kěyǐ zǎo
diǎnr chūfā.

A: Shì ma? Hǎo! Búguò, hòutiān
shì Xīngqītiān, wǒ bù néng
shuìlǎnjiào le!

2) A: Jīntiān zhēn lěng a!

B: Dāngrán lěng la, nǐ zhīdào,
jīntiān báitiān dào wǎnshang,
zuì gāo wēndù sān dào sì
dù, zuì dī wēndù líng xià shí
dào shí'èr dù, yèli hái huì
yǒu dà fēngxuě ne!

A: Tiān na! Zhème lěng! Búguò,
fángjiān li dōu yǒu nuǎnqì,
hěn nuǎnhuo.

B: Wǒ lái Zhōngguó yǐqián tīng
péngyou shuō, zhèr de xiàtiān
hěn rè, dōngtiān hěn lěng.
Wǒ zhēn bù xíguàn!

C: Fàngxīn ba, zài yí gè dìfang
zhùcháng le, jiù huì mànmānr

de xíguàn nàr de tiānqì de.

Chūntiān lái le

Chūntiān lái le, báitiān cháng le, yè
duǎn le. Tiānqì nuǎnhuo le, bù lěng le.

Gōngyuán li, cǎo lǜ le, shùyè
zhǎng chūlái le. Huā yě kāi le, yǒu
hóng de, yǒu bái de, hái yǒu huáng
de, gèzhǒng yánsè de, zhēn piàoliang!

Chūntiān zhēn hǎo a! Rénmen dōu
chūlái le, zài gōngyuán li、xiǎohébiān
sànbù, zài hú shang huáchuán, zài
huā qián zhàoxiàng, chàngzhe gē,
shuōzhe huà… Gōngyuán li dōu shì
rénmen de gēshēng hé xiàoshēng,
duō hǎo a! Wǒ xǐhuan zhèyàng
de chūntiān, wǒ xǐhuan chūntiān li
de rénmen. Míngtiān wǒ xiǎng hé
Dàmíng、Bābālā、Bǎolā yìqǐ qù
chūnyóu.

词汇 Lessico

▲ 课文生词
Vocaboli

春天（名）chūntiān　primavera

春游（动）chūnyóu　gita di primavera

香　（形）xiāng　profumato

外面	（名）	wàimiàn	fuori, esterno
啦	（助）	la	*particella modale*
天气预报		tiānqì yùbào	previsioni del tempo
天气	（名）	tiānqì	tempo (atmosferico)
阴	（形）	yīn	scuro
阴天	（名）	yīntiān	cielo nuvoloso
雨	（名）	yǔ	pioggia
下雨		xià yǔ	piovere
昨天	（名）	zuótiān	ieri
晴天	（名）	qíngtiān	cielo sereno
晴	（形）	qíng	sereno
真	（副）	zhēn	veramente
扫兴	（形）	sǎoxìng	deluso
最近	（名）	zuìjìn	recentemente
泡汤	（动）	pàotāng	andare a monte, fallire
话	（名）	huà	parola
预计	（动）	yùjì	prevedere
转	（动）	zhuǎn	trasformarsi, volgere
出发	（动）	chūfā	partire
睡	（动）	shuì	dormire
懒觉		lǎn jiào	(dormire) fino a tardi
冷	（形）	lěng	freddo
白天	（名）	báitiān	giorno
高	（形）	gāo	alto
温度	（名）	wēndù	temperatura
度	（名）	dù	grado

低	（形）	dī	basso
零下		líng xià	sottozero
零上		líng shàng	sopra lo zero
夜里	（名）	yèlǐ	di notte
风雪	（名）	fēngxuě	tempesta di neve
风	（名）	fēng	vento
雪	（名）	xuě	neve
暖气	（名）	nuǎnqì	riscaldamento
暖和	（形）	nuǎnhuo	tiepido
热	（形）	rè	caldo
冬天	（名）	dōngtiān	inverno
习惯	（动）	xíguàn	abituarsi
放心	（动）	fàngxīn	stare tranquillo, tranquillizzarsi
地	（助）	de	*particella strutturale*

▲ 补充课文生词
Vocaboli supplementari

短	（形）	duǎn	corto
公园	（名）	gōngyuán	parco
里	（名）	lǐ	in, dentro
草	（名）	cǎo	erba
树叶	（名）	shùyè	foglia (d'albero)
长	（动）	zhǎng	crescere
黄	（形）	huáng	giallo
各种	（代）	gèzhǒng	ogni tipo di
颜色	（名）	yánsè	colore
河边	（名）	hébiān	lungo il fiume
散步	（动）	sànbù	passeggiare

湖	（名）	hú	lago	照相	（动）	zhàoxiāng	fotografare
划船	（动）	huáchuán	remare, andare in barca	声	（名）	shēng	voce, suono
划	（动）	huá	remare	笑	（动）	xiào	ridere, sorridere
船	（名）	chuán	barca				

注 释 | Note

1 常用语气助词小结
Riepilogo delle principali particelle modali

汉语主要的语气助词有"吗"、"呢"，"吧"、"啊"。这几个语气助词的主要功能都是缓和句子的语气，用于句末。

Le principali particelle modali in cinese sono 吗 (ma), 呢 (ne), 吧 (ba) e 啊 (a).

1) 吗

"吗"是表示疑问的语气助词。问话人对某件事情不知道，希望得到对方回答时，可在陈述句末尾加上"吗"。例如：

吗 (ma) è una particella modale interrogativa. Quando si chiede qualcosa di cui non si sa e si vuole ottenere risposta, 吗 (ma) viene posta alla fine di una frase affermativa che diventa così frase interrogativa. Per es.:

A: 西瓜好吃吗？   B: 好吃。

A: 你今天去春游吗？   B: 不去，明天去。

2) 呢

a. "呢"可用在正反式疑问句末尾，表达不肯定的语气。例如：

呢 (ne) si può utilizzare alla fine di una frase interrogativa esclusiva, per esprimere un tono di incertezza. Es.:

他是不是大明的哥哥呢？（是不是？——我不知道）(non so se lo è)

你今天来不来我家呢？（来不来？——我不确定）(non sono sicuro se verrà)

b. "呢"可用在有疑问代词的问句末尾，表示猜测的语气。例如：

呢 (ne) si può usare alla fine di una frase interrogativa in combinazione con sostituti interrogativi a indicare un tono di supposizione. Es.:

> 那是谁（shéi, chi）的书呢？ 这些东西我送给谁呢？
>
> 你的名字怎么写呢？ 　　　　　她怎么不来呢？

c. "呢"可以用在选择式问句末尾，表达疑问语气。例如：

Può essere usata alla fine di una frase interrogativa per scelta alternativa. Es.:

> 他喜欢吃饺子还是喜欢吃面条呢？
>
> 你是去超市还是去自由市场呢？

d. "呢"用在名词（代词）或名词短语后，询问情况。这种句子是在一定的语言环境下省略了谓语。例如：

quando 呢 (ne) segue un nome (sostituto) o un sintagma nominale attribuisce un valore interrogativo a un enunciato interrotto. Es.:

> 我叫王丽，你呢？ （你叫什么名字？）
>
> 他喜欢吃西瓜，你们呢？ （你们喜欢吃什么？）

e. "呢"可用在陈述句末尾，表示动作或情况还在进行或持续。例如：

La particella 呢 (ne) può essere usata alla fine di un frase dichiarativa per indicare che l'azione o la situazione indicata dal predicato si sta svolgendo o continua. Es.:

> 我的话还没有说完呢。
>
> 我们正在吃饭呢！

3) 吧

a. "吧"可用在陈述句末尾，表示请求、命令、商量或建议。例如：

La particella 吧 (ba) alla fine di una frase dichiarativa indica richiesta, esortazione, o suggerimento. Es.:

> 你叫我小李吧。
>
> 我们现在走吧。

b. "吧"可用在陈述句末尾，表示同意。例如：

La particella 吧 (ba) alla fine di una frase dichiarativa può indicare consenso. Es.:

好吧，我们一起去看王老师。

你们就这样做吧。

c. "吧"用在问句的末尾，语气比较缓和，表示说话人对某事有预测，但不能完全肯定。例如：

La particella 吧 (ba) alla fine di una frase interrogativa, con un tono piuttosto lieve, indica una supposizione ma non totale certezza da parte dell'interlocutore. Es.:

你最近还不错吧？

这些东西是你的吧？

4) 啊

a. "啊"用在陈述句末尾，表示感叹。例如：

La particella 啊 (a) alla fine di una frase dichiarativa ha un valore esclamativo. Es.:

这个西瓜真甜啊！

春天真好啊！

b. "啊"可用在陈述句末尾，表示肯定、催促、嘱咐等语气。例如：

La particella 啊 (a) alla fine di una frase dichiarativa può indicare conferma, esortazione, raccomandazione. Es.:

是啊，汉语很有意思。

你要早点儿来啊！

c. "啊"可用在疑问句末尾，表示疑问。例如：

La particella 啊 (a) alla fine di una frase può avere un valore interrogativo.

这些东西都是你的啊？

你也喜欢学习汉语啊？

另外，本课中出现的助词"啦"，是"了"和"啊"的合音，兼有"了"和"啊"的作用。例如：

In questa lezione ricorre la particella 啦 (la) che corrisponde alla fusione fonetica tra 了(le) e 啊 (a), e ricopre le funzioni di entrambe. Es.:

他们说走就走啦。

这么快他就学会啦。

而课文中出现的"天哪"一句中的助词"哪"（na）是"啊"（a）的变音。一般来说，前一个字的韵尾是"n"，啊（a）变成哪（na）。例如：

Invece, la particella 哪 (na) che ricorre nell'espressione 天哪 è una variazione fonetica di 啊 (a). Di solito 啊 (a) diventa 哪 (na) quando è preceduta da una parola la cui ultima sillaba finisce in "n". Es.:

> 谢谢您哪！
>
> 大家要加油（jiāyóu）干哪！

2 趋向动词"出来"与"出去"

I verbi direzionali composti 出来 (chūlái) e 出去 (chūqù)

1) 趋向动词"出来"

Il verbo direzionale 出来 (chūlái)

a. 表示通过动作，人或物体由某处所的内部向外部移动，立足点在处所外。例如：

Indica lo spostamento di una persona o cosa dall'interno verso l'esterno: il punto di vista del parlante è all'esterno. Es.:

> 春天到了，人们都喜欢出来散步。（人们在外面）
>
> （le persone sono all'esterno）
>
> 我看见他从超市走出来了。（我在超市外面）
>
> （mi trovo fuori dal supermercato）

b. 表示从无到有，由不清楚到清楚，由隐蔽到显露。例如：

Indica il manifestarsi di qualcosa che prima non era chiaro o evidente o che era celato. Es.:

> 树叶长出来了。
>
> 花都开出来了。
>
> 我看出来了，你是小王的哥哥。
>
> 他想出来一个好主意（zhǔyi, idea）。

2) 趋向动词"出去"

Il verbo direzionale 出去 (chūqù)

表示通过动作，人或物体由某处所的内部向外部移动，立足点在处所内。例如：

Indica lo spostamento di una persona o cosa dall'interno verso l'esterno: il punto di vista del parlante è all'interno. Es.:

> 今天天气不错，我们出去走走。（我们在室内）

超市里人太多了，我们出去吧。（我们在超市里）

3 就会<u>慢慢儿</u>地习惯那儿的天气的
Pian piano ti abituerai al clima

"慢慢儿"意思是很慢，不着急。有一些形容词重叠以后会发生音变，一般来说，第二个字变成第一声，并加上"儿"，读成儿化音。例如，"慢慢儿"的读音是"mànmānr"，第二个"慢"的读音由第四声变成了第一声；"好好儿"，读音是" hǎohāor"，第二个"好"的读音由第三声变成了第一声。

慢慢儿 (mānmānr) significa "molto piano, senza fretta". Alcuni aggettivi, quando vengono raddoppiati, subiscono un cambiamento di tono: di solito il secondo carattere si pronuncia al primo tono e con l'arrotamento finale 儿 (ér). Es.: la pronuncia di 慢慢儿 è "mànmānr", la pronuncia del secondo 慢 (màn) passa dal quarto tono al primo tono. 好好儿 si pronuncia "hǎohāor", la pronuncia del secondo 好 (hǎo) passa dal terzo tono al primo tono.

4 <u>对了</u>，你们看天气预报<u>了没有</u>？
A proposito, avete visto le previsioni del tempo?

"对了"在这里表示忽然想起了该做的事情或该说的话。再如：

对了 (duìle) è impiegato, come in questo caso, quando ci si ricorda all'improvviso di qualcosa che si deve fare o dire. Ecco altri esempi:

> 对了，你现在有时间吗？我们一起去王丽家吧。
> 对了，我还要买两瓶矿泉水。

此外，"……了没有？"是汉语中常见的疑问句式。一般只用于单纯问句的句尾，不用于推测问句的句尾。例如：

Inoltre ……了没有 (…le méiyǒu) è anche una forma interrogativa molto comune in cinese, usata di solito solo al termine di una domanda semplice e non in frasi ipotetiche.

> 你吃饭了没有？（我只想知道"你"是否吃饭了。）
>> (voglio solo sapere se "tu" hai mangiato)
> 今天你去公园散步了没有？（我只想知道"你"是否去散步了。）
>> (voglio solo sapere se "tu" sei andato passeggiare)

5 我看这次春游<u>泡汤</u>了。

Secondo me la nostra gita di primavera salterà.

在口语中，人们常用"泡汤"来比喻计划、事情等无法实现。例如：

Il verbo 泡汤 (pàotāng) viene usato spesso per indicare che un progetto o una cosa non sono andati a buon fine. Es.:

真扫兴，明天的计划（jìhuà，progetto）又泡汤了。

我一点儿钱也没了，说好了请大家吃饭的，现在又泡汤了。

6 唱着歌，说着话。

Cantando e parlando

此处的动态助词"着"用在动词后，表示动作的持续。动词前边可加"正、在、正在"等词。再如：

In questo caso la particella aspettiva 着 (zhe) ricorre dopo il verbo specificando che l'azione è continuata. Prima del verbo si possono inserire avverbi come 正 (zhēng), 在 (zài), 正在 (zhēngzài). Ecco altri esempi:

妈妈正（在）唱着歌，爸爸正（在）说着话。

他正吃着饭，你就来了。

7 天哪

Cielo!

这是一句感叹语，表示对某事感到吃惊。例如：

Si tratta di un'esclamazione che indica sorpresa. Es.:

这么多练习（liànxí, esercizi），天哪，我什么时候能写完啊？

这些东西都是送给我的？我的天哪，我太高兴了！

练习 Esercizi

1 请选择适当的语气助词填空

Inserire negli spazi la particella modale adatta

呢 啊 吗 吧 啦

1) 这里的天气多好（　　）！

2) 还有一些事情我没做完（　　　）。

3) 我最喜欢吃零食，你（　　　）？

4) 这个公园真漂亮（　　　）！

5) 这些东西都是你的（　　　）？

6) 好（　　　），现在我们一起去超市（　　　）。

7) 门开着（　　　），你进来（　　　）。

8) 这样学习学得最快（　　　）。

9) 这么早就开门（　　　）。

2 请在下面的句子中填上趋向动词"出来"或"出去"

Inserire nelle seguenti frasi i verbi direzionali 出来 (chūlái) o 出去 (chūqù)

1) 春天到了，这里的花儿都长（　　　）了。

2) 今天下午我们一起（　　　）买东西。

3) 大明，请你（　　　）一下，你朋友在门口（ménkǒu, entrata）这儿等你呢。

4) 她穿了一件漂亮的新衣服走（　　　），我们都不认识她了。

5) 今天天气不错，我们（　　　）散散步吧。

3 请在下面的句子中合适的位置填上助词"着"

Inserire nella posizione corretta all'interno delle seguenti frasi la particella aspettiva 着 (zhe)

1) 门上写房间号码（hàomǎ, numero）。

2) 他进来的时候，我们正上课（shàngkè, fare lezione）呢。

3) 树（shù, albero）上开漂亮的花儿。

4) 上面写苹果两块钱一斤，你不用再问了。

5) 我们说话，唱歌，一会儿就到王丽家了。

4 请用课文里的生词填空

Riempire gli spazi utilizzando i vocaboli della lezione

1) 你们看（　　　　　）了没有？

2) 我看这次春游（　　　　　）了。

3) 后天是星期一，我不能睡（　　　　　）了！

4) 我女朋友说她明天有事儿，不能陪我去春游了，真（　　　）！

5) 我想一个人去中国学习汉语，可是爸爸、妈妈不太（　　　）。

6) 保罗不太（　　　）这儿的天气。

5 根据课文回答问题
Rispondere alle domande in base al testo della lezione

1) 现在是什么季节（jìjié, stagione)？

2) 大家要去做什么？

3) 今天天气怎么样？昨天呢？

4) 天气预报说明天、后天的天气怎么样？

5) 今天白天到晚上，最高温度和最低温度分别是多少度？

6) 保罗到中国以后习惯中国的天气了吗？

6 请复述课文 "春天来了"
Ripetere il contenuto del testo "E' arrivata la primavera"

7 请用自己的话来描写一下春天
Descrivere con parole proprie la primavera

中国人的气象观

　　中国人在长期的生产实践过程中，总结出了一系列的生活、生产经验，他们可以通过对各种自然现象的观察来推测天气的变化，为出行提供参考。

　　如果前一天晚上是红霞满天，那么第二天就是晴空万里，适宜出游；但如果是早上出红霞，则一般会是阴雨的天气，不适宜出门。这也就是中国谚语所讲的"朝霞不出门，晚霞行千里"的含义。这条谚语就是中国人根据观察天象而得出的结论。

　　"天上钩钩云，地下雨淋淋"，就是根据云的形态来推测未来天气的。它表示如果天上有钩卷云，那么不久就要下雨，但是如果钩卷云散开了，那么就预示未来几天不会是雨天，可以放心出门了，即"钩钩云消散，晴天多干旱"、"冬钩云，晒起尘"。云的形态千变万化，通过云的形态变化来预测天气也确实不失为一条妙计。

　　观察风向的变化也可以作为预测天气的参考。如"常刮西北风，近日天气晴"、"半夜东风起，明日好天气"、"雨后刮东风，未来雨不停"，还有"无风起横浪，三天台风降"等等，根据风向的变化，就大概预知了天气的情况。

　　另外，还可以通过观察物象来考虑是否出行。比如，下了很长时间的雨以后听到了鸟叫，就预示着天快晴了，所谓"久雨闻鸟鸣，不久即转晴"。

　　中国人关于天气的谚语有很多，而且涵盖面很广。不仅可以预测短期天气，用来指导出行，也可以应用于农事生产、海上劳作等。

I cinesi e il tempo atmosferico

Grazie a una secolare esperienza di vita e produzione i cinesi hanno elaborato la capacità di prevedere i cambiamenti del tempo osservando tutta una serie di fenomeni naturali e di fornire così utili consigli ai viaggiatori. In base all'esperienza, se il cielo la sera è coperto di nuvole rosse, il giorno seguente sarà sereno e senza nubi, adatto a partire per un viaggio. Ma se le nuvole rosse appaiono al mattino, sarà una giornata di nubi e pioggia, inadatta a mettersi in viaggio. Da qui deriva il proverbio cinese "rosso al mattino non uscir di casa, rosso di sera parti per un lungo viaggio" che assomiglia al nostro "rosso di sera bel tempo si spera".

"Cielo con nuvole a ciuffi, terra inondata di pioggia", molto simile al nostro "cielo a pecorelle, pioggia a catinelle", è un proverbio in cui la previsione del tempo si basa sulla forma delle nuvole. Se infatti le nuvole si presentano sotto forma di cirri, vuol dire che pioverà presto, quindi bisogna essere prudenti nell'organizzare un viaggio o predisporre qualcosa per ripararci dalla pioggia. Ma se i cirri si disperdono, ciò significa che nei prossimi giorni non pioverà, e ci si può tranquillamente mettere in viaggio; da qui i proverbi "nuvole a ciuffo sparse, giorni di sole e terre arse", "nuvole a ciuffo d'inverno, polvere tutto il giorno". La forma e l'aspetto delle nuvole mutano costantemente, queste trasformazioni forniscono ottimi spunti per prevedere il tempo.

Anche le variazioni della direzione del vento possono offrire un buon riferimento per le previsioni meteorologiche prima di partire. Ad esempio: "se soffia spesso vento di nordovest, nei prossimi giorni sarà sereno", "vento d'oriente a mezzanotte, pioggia senza fine", e ancora, "senza vento s'alzan onde, per tre giorni il tifone incombe", tutti questi proverbi permettono ai viaggiatori di prevedere con una certa probabilità le condizioni del tempo sulla base delle variazioni del vento.

Infine, prima di partire è possibile fare delle previsioni osservando alcuni cambiamenti naturali: per esempio, se si sentono cantare gli uccelli dopo una lunga pioggia, si può prevedere che ben presto il tempo volgerà al sereno, come si suol dire "dopo lunga pioggia canto d'uccello, il tempo volge al bello".

I cinesi possiedono una grande quantità e varietà di proverbi sul tempo, che non solo servono a fare delle previsioni a breve termine sul tempo atmosferico e a dare indicazioni a chi si voglia mettere in viaggio, ma hanno una funzione importante anche nella vita agricola o per chi lavora in mare.

比一比 Lingue a confronto

趋向动词作补语
Verbi direzionali in funzione di complemento

汉语中的趋向动词用在动词的后面作趋向补语。例如,叶子长出来了。该句里的"出来"是动词"长"的趋向补语,如果"长"后面缺少趋向补语"出来",那么整个句子就不完整,是一个病句。而此句用意大利语来表述只需要把"长"(crescere) 这个动词翻译出来就可以,"出来"(uscire) 不必翻译,全句为：Le foglie sono cresciute。再请看下面的例句：

In cinese i verbi direzionali formano i cosiddetti "complementi direzionali" in posizione postverbale. Per es. nella frase 叶子长出来了 (yèzi zhǎng chūlái le), 出来 (chūlái) è il complemento direzionale del verbo 长 (zhǎng): se il verbo non fosse seguito dal complemento la frase risulterebbe incompleta e sarebbe quindi errata. In italiano invece il significato è dato unicamente dal verbo "crescere" non è necessario tradurre il complemento. La traduzione della frase risulta essere quindi: "Le foglie sono cresciute". Si vedano anche i seguenti esempi:

例句 **①** 他走出来了。Lui <u>è uscito</u>. (Lui <u>è uscito camminando</u>).

② 他跑出来了。Lui <u>è uscito di corsa</u>. (Lui <u>è uscito correndo.</u>)

③ 树叶掉下来了。Le foglie <u>sono cadute</u>.

④ 汽车停下来了。L'automobile <u>s'è fermata</u>.

⑤ 你把这个句子翻译出来就可以了。E' sufficiente che tu traduca la frase.

⑥ 他把书从书包里拿出来了。Ha tirato fuori il libro dalla cartella.

从上面的例句我们可以看出，将汉语翻译成意大利语时，要不要翻译出汉语的趋向补语，有下面三条规则：

1) 已经带有方向性的动词后面可不加趋向补语。例如意大利语例句①、②、③。

2) 动词本身不具有方向性，但在句子中又要表示方向，这时动词后面需要加趋向补语。例如意大利语例句⑥。

3) 不具有方向性，且不需要表示方向的动词后面不需要加趋向补语。例如意大利语例句④、⑤。

Dagli esempi qui si può notare che in italiano, per rendere i complementi direzionali si può ricorrere a varie soluzioni, tra cui:

1) Il verbo già implica la direzione ("uscire"), il complemento non viene tradotto, come negli esempi in italiano ① , ② e ③ .

2) Se il verbo non implica la direzione del movimento e la frase richiede che questa informazione sia esplicitata, si aggiunge un elemento che specifica la direzione come nella frase ⑥ ("fuori").

3) Se il verbo non implica la direzione ma questa informazione non è comunque necessaria in italiano, il direzionale non viene tradotto, come negli esempi in italiano ④ e ⑤ .

第十四课　我要预订旅馆和机票

Quattordicesima lezione
Vorrei prenotare l'albergo e il biglietto aereo

课文 Testo

■ **汉语课文**
Testo in cinese

1) A: 您好，这里是北京大酒店。

B: 您好。我想预订一个房间。

A: 可以。先生，请问您预订哪天的？

B: 下周四的，就是五月六号的。

A: 先生，您想要什么样的房间呢？

B: 我想要一个单人间。

A: 对不起，先生，五月六号的单人间已经客满了，标准间可以吗？

B: 哦，这样。请问，标准间一晚多少钱？

A: 400元。环境很好，有彩电、空调和电话。

B: 那好，我就要一个标准间吧。

A: 先生，请把您的姓名和身份证号码告诉我，好吗？

B: 对不起，小姐，我是外国人，我叫保罗。我没有身份证。

A: 没关系，您把护照号码告诉我就行了。

B: 好的，我的护照号码是Y203596。

A: 好了。保罗先生，我们已经帮您预订了五月六号的一个标准间。欢迎您入住我们酒店！

B: 谢谢！再见！

A: 再见！

2) A: 先生，我想预订两张飞往罗马的飞机票。

B: 您要什么时候的？

A: 后天的。请问，后天上午有航班吗？

B: 请稍等。我查一下儿……后天上午九点四十分有一个航班飞往罗马，不过，中途要在法兰克福转机，停留时间为两个小时。

A: 要转机啊！麻烦您再帮我看看，还有没有别的班次。

B: 您别着急。我再看看……有了，这里有一个您要的航班，是直飞罗马的，就是时间比较早。

A: 几点的？

B: 后天早上五点零五分起飞，当天下午四点到达罗马机场。

A: 时间是早了点儿，不过我觉得这个还比较合适。就是它了，我订两张经济舱。

B: 好的，请出示您的护照……好了，先生，给您，这是您的护照和机票。

A: 谢谢！

B: 不客气，再见！

A: 再见！

■ 补充课文
Testo supplementare

酒店也可以预订车票
Si può prenotare il biglietto anche in albergo

上个星期，我在北京大酒店预订了一个标准间，是201房间。房间里有空调、电视和电话，很干净，也很舒服。我很满意。

第二天我要去苏州旅游，所以想预订一张开往苏州的火车票。服务员小姐告诉我，酒店也有订票服务，去前台办理就行了。我去了前台，出示了我的护照，交了二十元的手续费，预订了一张第二天上午八点开往苏州的特快火车票。二十分钟以后，服务员小姐就把车票送到我的房间来了。真方便！

■ 汉语拼音课文
Testo in Pinyin

1) A: Nín hǎo, zhèli shì Běijǐng Dà Jiǔdiàn.

B: Nín hǎo. Wǒ xiǎng yùdìng yí gè fángjiān.

A: Kěyǐ. Xiānsheng, qǐngwèn nín yùdìng nǎ tiān de?

B: XiāZhōusì de, jiù shì Wǔyuè liù hào de.

A: Xiānsheng, nín xiǎng yào shénmeyàng de fángjiān ne?

B: Wǒ xiǎng yào yí gè dānrénjiān.

A: Duìbuqǐ, xiānsheng, Wǔyuè liù hào de dānrénjiān yǐjīng kèmǎn le, biāozhǔnjiān kěyǐ ma?

B: Ò, zhèyàng. Qǐngwèn, biāozhǔnjiān yì wǎn duōshao qián?

A: Sìbǎi yuán. Huánjìng hěn hǎo, yǒu cǎidiàn、kōngtiáo hé diànhuà.

B: Nà hǎo, wǒ jiù yào yí gè biāozhǔnjiān ba.

A: Xiānsheng, qǐng bǎ nín de xìngmíng hé shēnfènzhèng hàomǎ gàosu wǒ, hǎo ma?

B: Duìbuqǐ, xiǎojiě, wǒ shì wàiguórén, wǒ jiào Bǎoluó. Wǒ méiyǒu shēnfènzhèng.

A: Méi guānxi, nín bǎ hùzhào hàomǎ gàosu wǒ jiù xíng le.

B: Hǎo de, wǒ de hùzhào hàomǎ shì Y203596.

A: Hǎo le. Bǎoluó xiānsheng, wǒmen yǐjīng bāng nín yùdìngle Wǔyuè liù hào de yí gè biāozhǔnjiān. Huānyíng nín rùzhù wǒmen jiǔdiàn!

B: Xièxie! Zàijiàn!

A: Zàijiàn!

2) A: Xiānsheng, wǒ xiǎng yùdìng liǎng zhāng fēiwǎng Luómǎ de fēijīpiào.

B: Nín yào shénme shíhou de?

A: Hòutiān de. Qǐngwèn, hòutiān shàngwǔ yǒu hángbān ma?

B: Qǐng shāo děng. Wǒ chá yíxiàr… Hòutiān shàngwǔ jiǔ diǎn sìshí fēn yǒu yí gè hángbān fēiwǎng Luómǎ, búguò, zhōngtú yào zài Fǎlánkèfú zhuǎnjī, tíngliú shíjiān wéi liǎng gè xiǎoshí.

A: Yào zhuǎnjī a! Máfan nín zài bāng wǒ kànkan, hái yǒu méiyǒu biéde bāncì.

B: Nín bié zhāojí. Wǒ zài kànkan… Yǒu le, zhèli yǒu yí gè nín yào de hángbān, shì zhífēi Luómǎ de, jiùshì shíjiān bǐjiǎo zǎo.

A: Jǐ diǎn de?

B: Hòutiān zǎoshang wǔ diǎn líng wǔ fēn qǐfēi, dāngtiān xiàwǔ sì diǎn dàodá Luómǎ jīchǎng.

A: Shíjiān shì zǎole diǎnr, búguò wǒ juéde zhège hái bǐjiào héshì. Jiù shì tā le, wǒ dìng liǎng zhāng jīngjìcāng.

B: Hǎo de, qǐng chūshì nín de hùzhào… Hǎo le, xiānsheng, gěi nín, zhè shì nín de hùzhào hé jīpiào.

A: Xièxie!

B: Bú kèqi, zàijiàn!

A: Zàijiàn!

汉语拼音补充课文
Testo supplementare in Pinyin

Jiǔdiàn yě kěyǐ yùdìng chēpiào

Shàng gè xīngqī, wǒ zài Běijīng Dà Jiǔdiàn yùdìngle yí gè biāozhǔnjiān, shì èr líng yāo fángjiān. Fángjiān li yǒu kōngtiáo、diànshì hé diànhuà, hěn gānjìng, yě hěn shūfu. Wǒ hěn mǎnyì.

Dì-èr tiān wǒ yào qù Sūzhōu lǚyóu, suǒyǐ xiǎng yùdìng yì zhāng kāiwǎng Sūzhōu de huǒchēpiào. Fúwùyuán xiǎojiě gàosu wǒ, jiǔdiàn yě yǒu dìng piào fúwù, qù qiántái bànlǐ jiù xíng le. Wǒ qùle qiántái, chūshìle wǒ de hùzhào, jiāole èrshí yuán de shǒuxùfèi, yùdìngle yì zhāng dì-èr tiān shàngwǔ bā diǎn kāiwǎng Sūzhōu de tèkuài huǒchēpiào. Èrshí fēnzhōng yǐhòu, fúwùyuán xiǎojiě jiù bǎ chēpiào sòngdào wǒ de fángjiān lái le. Zhēn fāngbiàn!

词汇 Lessico

▲ 课文生词
Vocaboli

这里	（代）	zhèli	qui
预订	（动）	yùdìng	prenotare
周	（名）	zhōu	settimana
样	（名）	yàng	modo
单人间	（名）	dānrénjiān	stanza singola
已经	（副）	yǐjīng	già
客满	（形）	kèmǎn	esaurito
客	（名）	kè	ospite, cliente
满	（形）	mǎn	pieno
标准间	（名）	biāozhǔnjiān	stanza standard
这样	（代）	zhèyàng	così
环境	（名）	huánjìng	ambiente
彩电	（名）	cǎidiàn	televisore a colori
空调	（名）	kōngtiáo	condizionatore
电话	（名）	diànhuà	telefono
把	（介）	bǎ	*preposizione*
身份证	（名）	shēnfènzhèng	carta d'identità
号码	（名）	hàomǎ	numero
告诉	（动）	gàosu	dire
外国人		wàiguórén	straniero
外国	（名）	wàiguó	paese straniero, estero
护照	（名）	hùzhào	passaporto

行	（动）	xíng	va bene
帮	（动）	bāng	aiutare
入住	（动）	rùzhù	alloggiare
张	（量）	zhāng	*classificatore*
飞往		fēiwǎng	volo diretto a
飞机	（名）	fēijī	aereo
票	（名）	piào	biglietto
航班	（名）	hángbān	volo
查	（动）	chá	controllare
中途	（名）	zhōngtú	metà strada
停留	（动）	tíngliú	sostare
为	（动）	wéi	essere
麻烦	（动）	máfan	per favore, disturbare, infastidire
班次	（名）	bāncì	*numero di volo*
次	（量）	cì	*classificatore*
着急	（形）	zháojí	essere in ansia, avere fretta
直飞	（动）	zhífēi	volo diretto
起飞	（动）	qǐfēi	decollare
当天	（名）	dāngtiān	lo stesso giorno, in giornata
到达	（动）	dàodá	arrivare
机场	（名）	jīchǎng	aeroporto
合适	（形）	héshì	adatto
它	（代）	tā	esso
经济舱	（名）	jīngjìcāng	classe economica
出示	（动）	chūshì	mostrare, esibire

▲ 课文专有名词
Nomi propri

法兰克福（地名）Fǎlánkèfú
                    Francoforte

▲ 补充课文生词
Vocaboli supplementari

第		dì	*prefisso ordinale*
开往		kāiwǎng	diretto a
火车	（名）	huǒchē	treno
服务	（动）	fúwù	servire
前台	（名）	qiántái	banco della reception
办理	（动）	bànlǐ	trattare, espletare

办	（动）	bàn	fare, sbrigare
交	（动）	jiāo	consegnare
手续费	（名）	shǒuxūfèi	spese di commissione
手续	（名）	shǒuxū	formalità
特快	（形）	tèkuài	rapido
送	（动）	sòng	inviare, accompagnare
方便	（形）	fāngbiàn	comodo, pratico

▲ 补充课文专有名词
Nomi propri supplementari

苏州（地名）Sūzhōu Suzhou

注 释 Note

1 动词"为"
Il verbo 为

"为"原是古代常用词，现在多用于书面语。在本课中，"为"的意思是"是"，一般用于书面语，有时口语中也使用。例如：

Il verbo 为 (wéi) è una parola molto usata nel cinese antico, oggi ricorre spesso nella lingua scritta. In questa lezione il significato di 为 (wéi) corrisponde a 是 (shì), "essere". Es.:

停留时间为两个小时。

您预订的房间为标准间，五月六号的。

2 您别着急。
Non si agiti.

"别"一词在口语中经常使用，表示禁止或劝阻，跟"不要"的意思相同。例如：

La parola 别 (bié) ricorre spesso nella lingua parlata per esprimere divieto o dissuasione, con un significato simile all'espressione 不要 (búyào). Es.:

> 你别走了，在这儿住几天吧。

> 你别坐车去，我们一起走着去吧。

3 ……就是时间比较早。／ 就是它了。
… solo che è un po' troppo presto./ È proprio questo.

第一句话中的"就是"是一个副词，表达"确定范围，排除其他"的含义。这句话的意思是说"这张票其他都好，只是比较早"。第二句话中的"就是"是两个词，"就"是副词，"是"是动词。"就"在这里有加强肯定的作用，使"是它了"的语气更强。再如：

Nella prima frase 就是 (jiùshì) è avverbio, indica un ambito definito, che esclude tutti gli altri. La frase significa "questo libro è soltanto un po' vecchio, per il resto va bene". Nella seconda frase 就是 (jiù shì) è costituito da un binomio di parole distinte, in cui 就 (jiù) è avverbio e 是 (shì) verbo. In questo caso 就 (jiù) ha la funzione di rafforzare l'affermazione, con un tono più forte di 是它了 (shì tā le). Ecco altri esempi:

> 这个房间很漂亮，就是有点儿小。

> 那件衣服真不错，就是太贵了。

> 我就是他姐姐。

> 这儿就是我的家乡（jiāxiāng, paese natale）。

4 麻烦您再帮我看看
Per favore può guardare ancora

"麻烦"一词是在请求别人帮助或者向别人请教时常说的表示礼貌的话。例如：

麻烦 (máfan) è un'espressione di cortesia spesso usata per chiedere aiuto o informazioni ("per favore"). Es.:

> 还是麻烦您帮我找找吧！

> 麻烦您帮我订一下宾馆（bīnguǎn, hotel）。

> 麻烦你，去火车站怎么走？

当受到了别人的帮助而感到过意不去时，口语中也常用"麻烦您了"来表示感谢。例如：
Quando si prova imbarazzo nel ricevere aiuto da qualcuno, nella lingua parlata si usa spesso anche l'espressione 麻烦您了 (máfan nín le) per esprimergli gratitudine ("scusa il disturbo", oppure "obbligato"). Es.:

> 谢谢您帮我找到了这本书，麻烦您了。
> 您给我介绍了这么长时间，麻烦您了。

5 时间是早了点儿。
In effetti è un po' presto.

"是"用在动词、形容词前面，相当于"的确"，有强调的作用，用来强调一件事情的真实性。例如：
是 (shì) davanti a un verbo o a un aggettivo corrisponde a 的确 (díquè, veramente, proprio), ha una funzione di rafforzativo, sottolineando la veridicità di un fatto. Es.:

> 他是在学汉语。
> 她是会说英语。

6 服务员小姐就把车票送到我的房间来了。
Signorina, mi faccia recapitare il biglietto in camera per favore.

动词后面的宾语移到动词前面来，和介词"把"组成介词词组，在句中作状语，我们称这样的句子为"把"字句。此句中，"车票"是动词谓语"送"的宾语，但移到了动词前面和"把"组成了介词词组，作"送"的状语。
"把"字句是现代汉语中的一种特殊句型，本课中还出现了"请把您的姓名和身份证号码告诉我，好吗""您把护照号码告诉我就行了"，这些"把"字句的用法与上面例句相同。
"把"字句对外国学生来说是一个难点，我们还会在以后的课文里加以介绍。
Si chiamano costruzioni con il 把 (bǎ) quelle frasi in cui l'oggetto, che di norma segue il verbo, ricorre prima del verbo a formare con la preposizione 把 (bǎ) un gruppo preposizionale in funzione di determinante verbale. Per esempio, 车票 (chēpiào) è l'oggetto del verbo predicativo 送 (sòng), ma può essere spostato in posizione preverbale, formando con 把 (bǎ) un gruppo preposizionale che funge da determinante verbale di 送 (sòng).
Le frasi con il 把 (bǎ) sono una costruzione caratteristica del cinese moderno; in questa lezione ricorrono frasi come "请把您的姓名和身份证号码告诉我，好吗 (qǐng bǎ nín de xìngmíng hé shēnfēnzhèng hàomǎ gàosu wǒ, hǎo ma)""您把护照号码

告诉我就行了 (nín bǎ hùzhào hàomǎ gàosu wǒ jiù xíng le)" in cui è presente lo stesso uso di 把 (bǎ). Questa costruzione risulta spesso difficile per gli studenti stranieri; nelle lezioni successive verranno fornite ulteriori spiegazioni a riguardo.

练习 Esercizi

1 根据"就是"的不同含义和用法将下面的句子分成两类

Suddividere le seguenti frasi in due categorie a seconda del diverso significato e uso di 就是 (jiùshì)

1) 我们刚才（gāngcái, appena）说的那个学生就是他。

2) 你的汉字写得很好，就是写得有点儿慢。

3) 我想要的就是这本汉语书。

4) 他汉语说得很流利（liúlì, fluente），就是有点儿快。

5) 我就是那个来中国学汉语的意大利学生。

6) 这件衣服很漂亮，就是大了点儿。

2 请用课文中的生词填空

Riempire gli spazi inserendo i vocaboli di questa lezione

1) 我想（　　　　）一个（　　　　）。

2) 标准间环境很好，有（　　　　）、（　　　　）和电话。

3) 飞机（　　　　）要在法兰克福转机，（　　　　）时间为两个小时。

4) 请（　　　　）您的机票。

5) （　　　　）您帮我买一本汉语书，好吗？

6) 我觉得你穿蓝色的衣服很（　　　　）。

3 请在下面句子中合适的位置加上"是"

Inserire nelle frasi il verbo 是 (shì) nella posizione adatta

1) 写汉字很难，不过很有意思。

2) 我昨天来中国的。

3) 我北京大学的学生。

4) 保拉坐公共汽车来的。

5) 中国北方的冬天很冷，但房间里很暖和。

6）这件（jiān, *classificatore*）事她告诉我的。

4 把下面的词组成句子
Formare delle frasi utilizzando le seguenti parole ed espressioni

1）告诉　的　把　　您　请　身份证　姓名　和　号码　我
2）帮　已经　预订　您　了　六号　的　　一个　五月　标准间　我们
3）护照　您　我　就　告诉　号码　行　把　了　您　　的
4）我　一个　预订　北京　在　了　大酒店　单人间
5）飞往　的　两张　预订　我　想　飞机票　罗马
6）把　送到　服务员　了　我　火车票　房间　来　的

5 请把下列句子改写成"把"字句
Riscrivere le seguenti frasi usando la costruzione con il 把 (bǎ)

1）这本书我给了王丽。
2）他在冰箱（bīngxiāng, frigorifero）里放了饺子。
3）这件衣服你洗（xǐ, lavare）了吧。
4）我想吃完这些饺子和面条。
5）请你在本子上写地址。
6）这些东西他们都送来了。

6 根据课文内容回答问题
Rispondere alle domande in base al testo della lezione

1）保罗预订了哪个宾馆？
2）保罗想预订哪天的、什么样的房间？
3）保罗预订到了单人间吗？为什么？
4）标准间多少钱一天？环境怎么样？保罗满意吗？
5）保罗有身份证吗？为什么？
6）保罗的护照号码是多少？
7）保罗想预订什么时间、去哪儿的飞机票？
8）保罗预订的机票需要（xūyào, avere bisogno）转机吗？

7 请用下面的词语写出两段对话或一篇短文

Comporre due dialoghi o un breve testo utilizzando le seguenti parole

1)	预订	标准间	彩电	空调	出示	身份证号码	环境	入住
2)	飞机票	飞往	转机	航班	班次	停留	起飞	方便

文化点滴 Pillole di cultura

在中国旅游、住宿

中国的旅游住宿业有着悠久的历史，近些年来更是发展迅速，为来中国旅游的客人提供了极大的便利。

中国最早的宾馆可以追溯到驿站的设立和使用。它最开始专供军事人员使用，为其提供马匹和干粮，后来经过发展和改造，成为专门供往来行人住宿的场所。像战国时的"逆旅"、"客馆"、"传舍"和汉代的"驿亭"等就是在驿站的基础上发展而来的。它们不仅为旅人提供住宿，而且也兼备酒饭。

如今，中国的饭店也实行国际通行的饭店星级制度，包括五星、四星、三星、二星、一星五个等级，各等级档次不同，价格不等。

除了星级宾馆外，还有遍布全国各地的经济型酒店、招待所、小旅馆等。经济型酒店的客房基本依照星级酒店的标准配置，属于中低档次的酒店，价格合理；招待所、小旅馆分布比较广，价格更便宜，以提供住宿为主，一般没有娱乐设施，比较适合短期旅游住宿。

近些年来，各地又出现了一些具有民族和地方风格的饭店、旅馆。如北京回龙观的传统四合院式饭店、江浙一带的园林式饭店、陕西延安的窑洞式饭店、内蒙古的蒙古包旅馆、云南西双版纳的竹楼旅馆等等，它们将住宿、餐饮、娱乐与特色旅游更好地融合在了一起，形成自己独特的风格，也是中国旅游住宿业的一大进步。

Viaggiare in Cina: gli alberghi

L'industria delle strutture alberghiere per il turismo in Cina ha una lunga storia, che negli ultimi anni si è sviluppata ancor più rapidamente, offrendo ottimi servizi ai clienti che visitano il Paese.

I più antichi alberghi in Cina si possono far risalire alla costruzione e all'impiego di stazioni di posta per i cavalli e i carri. All'inizio questo servizio era appositamente riservato ai militari: si offriva loro un luogo di rifornimento di cavalli e di cibo. In seguito si svilupparono diventando luoghi di accoglienza per i viaggiatori di passaggio. Come le locande, gli ostelli ai tempi dei Stati Combattenti e le stazioni di posta d'epoca Han, che nacquero proprio sulla base delle più antiche stazioni. Esse non offrivano solo l'alloggio agli avventori ma anche cibo e bevande.

Attualmente in Cina è stato attuato il sistema di classificazione degli alberghi per categoria, suddiviso in cinque, quattro, tre, due e una stella, in base al quale servizi e tariffe variano.

Oltre ai grandi alberghi, in tutto il Paese sono disponibili hotel di classe economica, pensioni, ostelli ecc. Gli alberghi di classe economica hanno tutti i servizi di cui sono dotati i grandi alberghi, con una serie di servizi quali pernottamento, il cibo e le bevande, l'intrattenimento: si tratta di alberghi di bassa e media categoria con tariffe ragionevoli. Gli ostelli e le pensioni sono molto diffusi e sono ancor più economici, forniscono principalmente strutture per il pernottamento, non sono previsti intrattenimenti e altri servizi: pertanto si prestano soprattutto per soggiorni brevi.

Oltre a questo genere di sistemazioni, negli ultimi anni si sono moltiplicate le strutture alberghiere tipiche del posto. Per esempio gli alberghi nella zona di Huilongguan di Pechino all'interno dei tradizionali *siheyuan* (abitazioni composte da quattro locali disposti intorno a un cortile interno), oppure, nel Jiangsu e nel Zhejiang, gli alberghi nei giardini tradizionali, o quelli scavati nella roccia a Yan'an, nello Shaanxi, nella tipica tenda mongola (yurta) nella regione della Mongolia Interna, o gli alberghi in bambù nella zona di Xishuangbanna nello Yunnan ecc. Queste strutture fondono ancor meglio il cibo, l'alloggio, il divertimento e il turismo locale, offrendo uno stile del tutto peculiare. Anche questo rappresenta un grande progresso nell'industria alberghiera cinese.

比一比 Lingue a confronto

如何把汉语中的"把"字句翻译成意大利语
La traduzione delle frasi con 把 in italiano

"把"字句是汉语中特有的一种句式，它是把正常语序里的宾语用介词"把"提到动词前面。而意大利语中则没有这种句式。一般说来，用意大利语表示汉语的这种"把"字句可以有两种方式。一是用意大利语的正常语序，即主谓宾结构，例如：

In cinese le frasi con 把 (bǎ) costituiscono una struttura particolare che permette di anticipare la posizione dell'oggetto davanti al verbo grazie all'impiego della preposizione 把 (bǎ). In italiano, non esistendo una struttura simile, quando si traducono questo tipo di frasi ci sono due possibilità: utilizzare l'ordine consueto della frase italiana: soggetto-verbo-oggetto, come per es.:

我把电脑丢了。	Ho perso il computer.
我把钱包丢了。	Ho perso il portafoglio.

二是用命令式来表达，例如：

Oppure, utilizzare una frase imperativa o esortativa, es.:

你把门打开。	Apri la porta!
你把桌子上那本辞典递给我。	Passami quel dizionario sul tavolo.

注意要根据上下文来选择采用哪种方式。

Naturalmente la scelta di una tra queste due alternative dipende dal contesto.

第十五课　去中国留学、旅游

Quindicesima lezione
In Cina per studio o turismo

汉语课文
Testo in cinese

1) A: 保罗，你好！我是卢卡！

B: 嗨，卢卡，你好！你怎么样？

A: 我很好，谢谢！保罗，今年暑假我想去中国留学，想问你几个问题。

B: 你要来中国留学？太好了！我们可以在中国见面了。你有什么打算？

A: 你知道，我一直对汉语和中国文化感兴趣，去年还选修了汉语课，今年7月我想去北京留学一年。

B: 你准备去哪所大学，决定了吗？

A: 还没有呢。你在北京留学两年了，能给我一些建议吗？

B: 卢卡，我看你就来我们大学吧。我们大学里有很多留学生，他们的汉语水平都提高得很快，特别是口语水平。这里的老师和同学都很好，校园很大、很漂亮……总之，这里的学习环境很好。再说，我们还可以经常见面、聊天儿、一起说汉语呢！

A: 我也这么想。保罗，去你们大学的话，我需要办哪些手续呢？

B: 这样吧，我先把我们大学的网址给你，上面有很多留学信息。你有什么问题，就打电话给我。顺便问一句，你的签证拿到了吗？

A: 还没有。保罗，去中国的签证好办吗？

B: 好办，好办。在罗马的中国大使馆或者米兰的中国领事馆办理，差不多一个星期就能办好。

A: 太好啦，谢谢你，保罗。咱们北京见！

B: 北京见，卢卡！祝你顺利！

2) A: 嗨，保拉，好久不见了。你什么时候来北京的？

B: 昨天下午刚到的。你好吗？

A: 我很好，谢谢。你这次来北京，是来学习的，还是来观光旅游的？

B: 我是来工作的！没想到吧？我现在在一家旅行社当翻译，这次跟一个旅游团一起

来，我是导游兼翻译！

A: 哈，保拉！真棒！你们准备去哪些地方观光，打算在北京待几天？

B: 我们的旅行安排是这样的：先在北京待三天，参观北京博物馆、故宫，游览长城和颐和园；然后去河南洛阳，观赏牡丹，游览龙门石窟和白马寺；在洛阳待两天以后，再去杭州和苏州，去看西湖美景和苏州园林；还要去桂林看山水……

A: 去这么多美丽的地方！真羡慕你！你做导游兼翻译，很辛苦吧？

B: 辛苦是很辛苦，可这是我的第一份工作，也是我感兴趣的工作，还可以练习我的汉语呢，我很高兴啊！

A: 这样真不错！

■ 汉语拼音课文
Testo in Pinyin

1) A: Bǎoluō, nǐ hǎo! Wǒ shì Lúkǎ!

B: Hēi, Lúkǎ, nǐ hǎo! Nǐ zěnmeyàng?

A: Wǒ hěn hǎo, xièxie! Bǎoluō, jīnnián shǔjià wǒ xiǎng qù Zhōngguó liúxué, xiǎng wèn nǐ jǐ gè wèntí.

B: Nǐ yào lái Zhōngguó liúxué? Tài hǎo le! Wǒmen kěyǐ zài Zhōngguó jiànmiàn le. Nǐ yǒu shénme dǎsuan?

A: Nǐ zhīdào, wǒ yìzhí duì Hànyǔ hé Zhōngguó wénhuà gǎn xìngqù, qùnián hái xuǎnxiūle Hànyǔkè, jīnnián Qīyuè wǒ xiǎng qù Běijīng liúxué yì nián.

B: Nǐ zhǔnbèi qù nǎ suǒ dàxué, juédìngle ma?

A: Hái méiyǒu ne. Nǐ zài Běijīng liúxué liǎng nián le, néng gěi wǒ yìxiē jiànyì ma?

B: Lúkǎ, wǒ kàn nǐ jiù lái wǒmen dàxué ba. Wǒmen dàxué li yǒu hěn duō liúxuéshēng, tāmen de Hànyǔ shuǐpíng dōu tígāo de hěn kuài, tèbié shì kǒuyǔ shuǐpíng. Zhèli de lǎoshī hé tóngxué dōu hěn hǎo, xiàoyuán hěn dà、hěn piàoliang…… Zǒngzhī, zhèli de xuéxí huánjìng hěn hǎo. Zàishuō, wǒmen hái kěyǐ jīngcháng jiànmiàn、liáotiānr、yìqǐ shuō Hànyǔ ne!

A: Wǒ yě zhème xiǎng. Bǎoluó, qù nǐmen dàxué dehuà, wǒ

xūyào bàn nǎxiē shǒuxù ne?

B: Zhèyàng ba, wǒ xiān bǎ wǒmen dàxué de wǎngzhǐ gěi nǐ, shàngmiàn yǒu hěn duō liúxué xìnxī. Nǐ yǒu shénme wèntí, jiù dǎ diànhuà gěi wǒ. Shùnbiàn wèn yí jù, nǐ de qiānzhèng nádàole ma?

A: Hái méiyǒu. Bǎoluó, qù Zhōngguó de qiānzhèng hǎo bàn ma?

B: Hǎo bàn, hǎo bàn. Zài Luómǎ de Zhōngguó dàshǐguǎn huòzhě Mǐlán de Zhōngguó lǐngshìguǎn bànlǐ, chàbuduō yí gè xīngqī jiù néng bànhǎo.

A: Tài hǎo la, xièxie nǐ, Bǎoluó. Zánmen Běijīng jiàn!

B: Běijīng jiàn, Lúkǎ! Zhù nǐ shùnlì!

2) A: Hēi, Bǎolā, hǎojiǔ bú jiàn le. Nǐ shénme shíhou lái Běijīng de?

B: Zuótiān xiàwǔ gāng dào de. Nǐ hǎo ma?

A: Wǒ hěn hǎo, xièxie. Nǐ zhè cì lái Běijīng, shì lái xuéxí de, háishi lái guānguāng lǚyóu de?

B: Wǒ shì lái gōngzuò de! Méi xiǎngdào ba? Wǒ xiānzài zài yì jiā lǚxíngshè dāng fānyì, zhè cì gēn yí gè lǚyóutuán yìqǐ lái, wǒ shì dǎoyóu jiān fānyì!

A: Hā, Bǎolā! Zhēn bàng! Nǐmen zhǔnbèi qù nǎxiē dìfang guānguāng, dǎsuan zài Běijīng dāi jǐ tiān?

B: Wǒmen de lǚxíng ānpái shì zhèyàng de: xiān zài Běijīng dāi sān tiān, cānguān Běijīng bówùguǎn、Gùgōng, yóulǎn Chángchéng hé Yíhé Yuán; ránhòu qù Hénán Luòyáng, guānshǎng mǔdān, yóulǎn

Lóngmén Shíkū hé Báimǎ Sì; zài Luòyáng dāi liǎng tiān yǐhòu, zài qù Hángzhōu hé Sūzhōu, qù kàn Xī Hú měijǐng hé Sūzhōu yuánlín; hái yào qù Guìlín kàn shānshuǐ…

A: Qù zhème duō měilì de dìfang! Zhēn xiànmù nǐ! Nǐ zuò dǎoyóu jiān fānyì, hěn xīnkǔ ba?

B: Xīnkǔ shì hěn xīnkǔ, kě zhè shì wǒ de dì-yī fèn gōngzuò, yě shì wǒ gǎn xìngqù de gōngzuò, hái kěyǐ liànxí wǒ de Hànyǔ ne, wǒ hěn gāoxìng a!

A: Zhèyàng zhēn búcuò!

词汇 Lessico

▲ 课文生词
Vocaboli

暑假 （名）shǔjià　vacanze estive
留学 （动）liúxué　studiare all'estero
问题 （名）wèntí　domanda
打算 （名、动）dǎsuan
　intenzione, programma; programmare
文化 （名）wénhuà　cultura
感 （动）gǎn　sentire, provare

去年 （名）qùnián　l'anno scorso
选修 （动）xuǎnxiū　scegliere, optare per
准备 （动）zhǔnbèi　preparare
所 （量）suǒ　*classificatore*
决定 （动）juédìng　decidere
一些 　yìxiē　alcuni
建议 （名）jiànyì　proposta
留学生 （名）liúxuéshēng
　studente straniero
水平 （名）shuǐpíng　livello

提高	（动）tígāo	innalzare, elevare
特别	（副）tèbié	particolarmente, specialmente
口语	（名）kǒuyǔ	lingua parlata
校园	（名）xiàoyuán	campus
总之	（连）zǒngzhī	insomma, in conclusione
再说	（连）zàishuō	inoltre
聊天儿	（动）liáotiānr	chiacchierare
需要	（动）xūyào	avere bisogno
网址	（名）wǎngzhǐ	sito web
信息	（名）xìnxī	informazione
打电话	dǎ diànhuà	telefonare
顺便	（副）shùnbiàn	cogliere l'occasione per
句	（量）jù	classificatore
签证	（名）qiānzhèng	visto
好办	hǎo bàn	facile da fare
大使馆	（名）dàshǐguǎn	ambasciata
或者	（连）huòzhě	oppure
领事馆	（名）lǐngshìguǎn	consolato
差不多	（副）chàbuduō	circa, più o meno
顺利	（形）shùnlì	scorrevole, senza intoppi
好久	（形）hǎojiǔ	da tanto tempo

刚	（副）gāng	appena
观光	（动）guānguāng	visitare
翻译	（名）fānyì	interprete
旅游团	（名）lǚyóutuán	gruppo di turisti
兼	（动）jiān	fare due cose contemporaneamente
棒	（形）bàng	fantastico; forte
安排	（动）ānpái	organizzare
先	（副）xiān	prima
参观	（动）cānguān	visitare
游览	（动）yóulǎn	visitare
然后	（连）ránhòu	poi, quindi
观赏	（动）guānshǎng	ammirare, godersi (la vista di)
牡丹	（名）mǔdān	peonia
美景	（名）měijǐng	bella vista
园林	（名）yuánlín	giardino
山水	（名）shānshuǐ	paesaggio
羡慕	（动）xiànmù	ammirare
份	（量）fèn	classificatore
练习	（动）liànxí	esercitarsi, fare pratica

▲ 课文专有名词
Nomi propri

卢卡	（人名）Lúkǎ	Luca
米兰	（地名）Mǐlán	Milano

故宫	（地名）	Gùgōng	Città Proibita	龙门石窟（地名）	Lóngmén Shíkū Grotte di Longmen
长城	（地名）	Chángchéng	Grande Muraglia	白马寺 （地名）	Báimǎ Sì Tempio del Cavallo Bianco
颐和园	（地名）	Yíhé Yuán	Palazzo d'Estate	杭州 （地名）	Hángzhōu Hangzhou
				西湖 （地名）	Xī Hú Lago Xihu
河南	（地名）	Hénán	Henan	桂林 （地名）	Guìlín Guilin
洛阳	（地名）	Luòyáng	Luoyang		

注 释 Note

1 结果补语
Il complemento risultativo

用在动词之后、说明动作结果的补充成分叫结果补语。

结果补语一般由动词或形容词充当。结果补语和动词结合得很紧，很像一个词。在句子中如果有动态助词"了"或宾语，必须放在结果补语的后面。例如：

L'elemento aggiuntivo che segue il verbo specificandone il risultato si chiama complemento risultativo.

Normalmente, il ruolo di complemento risultativo è svolto da verbi o aggettivi. La combinazione tra verbo e risultativo è molto stretta, quasi a formare un'unica parola. Se nella frase ricorre la particella aspettiva 了 (le) o un oggetto, essi devono seguire il complemento risultativo. Es.:

> 你的签证拿到了吗？
>
> 去了很多书店，我终于买到了这本书。

以上例句中的结果补语"到"表示动作达到了目的。

Nelle frasi il risultativo 到 (dào) indica il raggiungimento di uno scopo.

形容词"好"常常用在动词后边，作结果补语。可以表示动作的"完成"，也可以表示"达到完善的地步"。例如：

L'aggettivo 好 (hǎo) ricorre spesso dopo il verbo in funzione di complemento risultativo. In questo caso può esprimere il "compimento" dell'azione o anche il "raggiungimento di un risultato soddisfacente". Es.:

> 这件事差不多一个星期就能办好。
>
> 这本书我翻译好了，你看看吧。
>
> 请你一定把这件事办好。
>
> 学好汉语不太容易。

上面前两个例句中的结果补语"好"表示动作的完成，后两个例句中的结果补语"好"表示动作"达到完善的地步"。

Nel primo e secondo degli esempi il risultativo 好 (hǎo) indica il completamento dell'azione; nel terzo e quarto esempio, invece, indica che l'azione espressa dal verbo si è completata in modo soddisfacente.

② 连词"总之"
La congiunzione 总之

连词"总之"常用在句子的开头或后面的小句里，表示说话人对某人、某事的笼统看法。"总之"后面常有停顿，书面上用逗号表示。例如：

La congiunzione 总之 (zǒngzhī) è spesso utilizzata all'inizio della frase o della proposizione successiva per introdurre una valutazione complessiva su un fatto o una persona. Spesso è seguita da una pausa, indicata nella lingua scritta da ua virgola. Es.:

> 总之，这里的学习环境很好。
>
> 这里的事情很多。总之，你要帮助我。

③ 去你们大学的话，我需要办哪些手续呢？
Se vengo nella vostra università che tipo di pratiche devo fare?

此句中的"……的话"是助词，用在表示假设的分句后面，引起下文。这种假设句的形式，常常被看作是"如果……的话"的省略形式（即省略了假设词"如果"），在口语中常用。例如：

In questa frase, la parola "……的话" (···dehuà) è una particella che ricorre alla fine di una subordinata ipotetica. Questo tipo di frase ipotetica è spesso considerata la forma abbreviata della struttura 如果……的话 (cioè viene omessa la congiunzione ipotetica 如果 <rúguǒ>). È impiegata soprattutto nella lingua parlata. Es.:

（如果）你现在不去的话，就晚上再去吧。

（如果）你喜欢这本书的话，就送给你吧。

4 "或者"与"还是"

或者 e 还是

"或者"和"还是"都是连词，用来表示选择。回答问题时，都是要在两种情况中选择其中一种。两者的区别在于："或者"主要用于陈述句，而"还是"主要用于问句。例如：

或者 (huòzhě) e 还是 (háishi) sono entrambi congiunzioni e vengono impiegati per indicare una opzione, in cui viene chiesto di scegliere fra due situazioni diverse. La differenza tra i due è che 或者 (huòzhě) viene usato soprattutto in frasi affermative, mentre 还是 (háishi) soprattutto in frasi interrogative. Es.:

你喜欢吃面条还是饺子？

今天晚上我在家学习或者看电视。

5 先在北京待三天……；然后去河南洛阳……；再去杭州和苏州……；还要去桂林看山水……

Ci fermiamo prima tre giorni a Pechino…, poi andremo a Luoyang nello Henan…, quindi a Hangzhou e Suzhou, e ancora a Guilin per ammirare il paesaggio…

"先……，然后……，再……"表示事情发生的时间顺序，一件事情完成之后接着发生另一件。例如：

La struttura 先 ……，然 后 ……，再 …… (xiān…, ránhòu…, zài…) indica l'ordine cronologico in cui accadono gli eventi, ossia che il completamento di un evento è subito seguito da un altro. Es.:

我们先去吃饭，然后去超市买东西，再去书店买书。

你先去大学上课，然后来找我，我们再一起去吃饭。

以上列举的是三件事情，一般用"先……然后……再……"表示，如列举的只有两件事情，也可以用"先……然后……"或"先……再……"表示事情发生的先后顺序。Nell'esempio precedente sono descritti tre eventi in successione tramite la struttura 先……然后……再…… (xiān…ránhòu…zài…). Se gli eventi descritti sono solo due si possono usare indifferentemente 先……然后…… (xiān…ránhòu…) oppure 先…… 再…… (xiān…zài…).

6 **我看你就来我们大学吧**

Secondo me ti conviene venire nella nostra università

此句中的"我看"表示"我个人主观地认为、观察、分析","我看"后面是结论，常常是一个小句。再如：

In questa frase 我看 (wǒ kān) significa "a mio avviso, secondo me", spesso l'espressione è seguita da una conclusione costituita da una proposizione. Ecco altri esempi:

> 我看这样做就可以了。
>
> 我看我们还是去春游吧。

练习 **Esercizi**

1 **请在下面的句子中填上结果补语"到"或"好"**

Inserire il risultativo 到 (dào) o 好 (hǎo) nelle seguenti frasi

1）我们学第十五课了。

2）我拿机票，就去大使馆办签证。

3）妈妈刚预订宾馆，就马上给我打了电话。

4）这个电话是打中国的。

5）我买东西，就去看朋友。

6）我的作业 (zuòyè) 已经写了，可以交给老师了。

2 **请用"……的话"连接下面的句子**

Collegare le seguenti farsi tramite l'espressione ……的话 (…dehuà) come nell'esempio

例如：明天天气好，我们就去春游。→ 明天天气好的话，我们就去春游。

1）你喜欢吃面条，我们今天晚上就去吃。

2）你们有什么问题，可以来找我。

3）保拉回来了，请她给我打个电话。

4）你现在忙，我明天再来。

5）你经常 (jīngchāng, spesso) 说汉语，口语就会越来越 (yuèláiyuē…, sempre più…) 好。

6）不会说汉语，去中国会很麻烦。

7）我们不预订房间，到时候可能没有地方住。

8) 你不喜欢这件衣服，可以再去换一件。

3 请在下面的句子中填上准确的量词
Inserire il classificatore adatto negli spazi

1) 我的朋友现在在一（　　）旅行社工作。
2) 北京大学是一（　　）很漂亮的大学。
3) 我找到这（　　）工作很不容易。
4) 请给我一（　　）咖啡。
5) 这（　　）照片（zhàopiàn, foto）不是很清楚。
6) 王老师是一（　　）很有经验的老教师。

4 请选择"还是"或"或者"填入下面的括号内
Scegliere l'opzione giusta fra 还是 (háishi) e 或者 (huòzhě) e inserirla nelle parentesi

1) 今天去公园（　　）去博物馆？
2) 我们去苏州（　　）去杭州玩儿几天好吗？
3) 你是喜欢喝茶（　　）喜欢喝咖啡？
4) 今天下午你来我家（　　）我去你家，好吗？
5) 我们在麦当劳（Màidāngláo, McDonald's）门口见（　　）在体育馆（tǐyùguǎn, centro sportivo）门口见？
6) 你买一点儿零食（　　）买几瓶可乐都行。
7) 我们是去超市（　　）去自由市场买东西？
8) 我们去超市（　　）自由市场买点儿东西吧。

5 请用"先……然后……再……"连接下面的词语并组成句子
Formare delle frasi collegando le espressioni sotto indicate tramite la costruzione
先……然后……再……（xiān…ránhòu…zài…）come nell'esempio

例如：北京　　上海　　西安　　→　我先去北京，然后去上海，再去西安。
1) 吃饭　　学习　　睡觉
2) 买菜　　做饭　　洗碗（xǐ wǎn, lavare i piatti）
3) 吃凉菜　吃热菜　喝汤
4) 学习　　参观　　观光、游览
5) 学生词　课文　　语法（yǔfǎ, grammatica）

6 完成下面的对话
Completare i dialoghi

1) A: 卢卡，你要来中国留学？太好了！我们可以在中国见面了。你有什么打算？

   B: 我_____。

   A: 你准备去哪所大学？

   B: 我还没想好呢。你能给我一些建议吗？

   A: 我看_____，_____，_____。总之，这里的学习环境很好。再说，我们还可以经常见面、聊天儿、一起说汉语呢！

   B: 我也这么想。保罗，你看，我需要办哪些手续呢？

   A: 这样吧，我先_____。你有什么问题的话，就_____。

   B: 谢谢你，保罗。咱们北京见！

   A: 北京见，卢卡！

2) A: 嗨，保拉，好久不见了，你什么时候来北京的？

   B: 我是_____的。嗨，王丽，你好吗？

   A: 我很好，谢谢。保拉，你这次来北京，是来_____，还是来_____？

   B: 我是来_____的！我现在在_____。

   A: 那你们准备去哪些地方观光呢？

   B: 我们先_____，然后_____。再_____，还要_____。

   A: 真不错！

文化点滴 Pillole di cultura

在中国旅游、观光

中国是一个举世闻名的旅游大国，旅游资源十分丰富。

中国是四大文明古国之一，有着悠久的历史和灿烂的文化。在人文旅游方面，有各朝各代留下的珍贵古迹遗产，像万里长城、秦始皇兵马俑等都是举世文明的世界文化遗产。另外，还有北京、西安、南京等历史文化名城一百多座，全国重点文物保护单位一千多处。

中国疆域辽阔，有无数优美壮丽的自然风光。有举世闻名的长江景观、风景秀美的桂林山水、古老峻拔的五岳名山、气势磅礴的壶口瀑布，还有娇美诗意的江南水乡、苍茫辽阔的内蒙古草原，也有景色秀丽的湖滨海滩和冰天雪地的北国风光。

中国还有多姿多彩的民俗风情。五十六个民族各有特色，尤其是少数民族风情更是引人入胜。具有民族特色的礼仪节日、服饰穿戴和饮食文化，给人一种神秘新鲜的感觉。游览云南等地的民俗文化村等以民俗旅游为特色的旅游地，不仅可以领略民俗风情，更可以加深对中华文化的了解。

此外，中国还有自己独特的饮食文化和艺术特色。中国菜、中国小吃举世闻名。中国艺术也是独具匠心，中国京剧、中国书画、中国杂技和歌舞表演等都给人美的享受、艺术的熏陶。

中国不仅旅游资源丰富，中国人民更是热情好客，他们真诚地邀请世界各地的旅游者去中国观光、旅游！

Viaggiare in Cina per turismo

La Cina è una grande nazione che attira turisti da tutto il mondo ed è ricca di attrazioni turistiche.

La Cina è la patria di una delle quattro grandi civiltà antiche, ha una lunghissima storia e una splendida cultura. Dal punto di vista dei viaggi culturali, ogni dinastia e ogni epoca hanno lasciato vestigia e tesori preziosi: la Grande Muraglia, l'Esercito di terracotta del primo Imperatore Qin, per fare solo degli esempi, sono siti culturali di fama mondiale. E poi ci sono più di cento città storiche come Pechino, Xi'an, Nanchino e più di mille siti sorico-culturali protetti.

Grazie alla vastità del suo territorio e alla varietà dei fenomeni climatici, la Cina offre anche innumerevoli paesaggi naturali di maestosa bellezza. Si pensi al Fiume Azzurro noto in tutto il mondo, al paesaggio incantevole di Guilin, alla bellezza antica delle cinque montagne sacre, alle potenti cascate di Hukou; e poi l'affascinante e poetica regione di fiumi e laghi della regione a Sud del Fiume Azzurro, le smisurate praterie della Mongolia Interna. E ancora, le bellissime spiagge marine, le sponde dei laghi e il paesaggio innevato del nord del Paese.

La Cina presenta anche un ricco e variegato patrimonio di tradizioni locali. Ciascuna delle cinquantasei etnie ha le sue caratteristiche, in particolare, le minoranze etniche affascinano maggiormente il visitatore. Le feste e i riti locali, l'abbigliamento e gli accessori e la cultura gastronomica suscitano una sensazione di freschezza e mistero assieme. Visitare i villaggi della cultura locale dello Yunnan o le mete turistiche folcloristiche di altre province permette al turista non solo di assaporare le tradizioni locali, il calore e l'ospitalità del popolo cinese, ma ancor più di approfondire la propria conoscenza della cultura cinese.

Oltre a ciò, la Cina possiede anche una propria cultura gastronomica e una produzione artistica originale. Le pietanze e gli stuzzichini cinesi sono conosciuti in tutto il mondo. Anche l'arte cinese è caratterizzata da una sua ricca e specifica inventività ne sono prova la bellezza e il prestigio dell'Opera di Pechino, della calligrafia, degli spettacoli di acrobazia e di danza.

Non solo la Cina è ricca di risorse turistiche, ma ha anche una popolazione profondamente ospitale, pronta ad accogliere con sincero piacere i visitatori di tutto il mondo.

比一比　Lingue a confronto

汉语"见面、睡觉、吃饭、洗澡、读书、写字、游泳、跳舞" 等离合词与对应的意大利语语词的翻译
La resa in italiano dei composti "scomponibili" come 见面、睡觉、吃饭、洗澡、读书、写字、游泳、跳舞

汉语里有一些词，既可以把它们放在一起看作是一个合成词，也可以把它们分开，中间插入其他成分，我们把这些词叫作离合词。例如，见面、睡觉、吃饭、洗澡、读书、写字、游泳、跳舞等，在这些词的中间我们都可以加入某些成分。

In cinese vi sono alcune parole che ricorrono come composti, ma i cui componenti possono essere anche separati inserendo al loro interno altri elementi. Tali parole possono essere definite "composti scomponibili". Appartengono a questa categoria parole come 见面 (jiànmiàn), 睡觉 (shuìjiào), 吃饭 (chīfàn), 洗澡 (xǐzǎo), 读书 (dúshū), 写字 (xiězì), 游泳 (yóuyǒng), 跳舞 (tiāowǔ). Elenchiamo di seguito gli elementi che possono essere inseriti all'interno di questi composti:

见面 (jiānmiàn)：见一面，见了一面，见过面，见了一次面

睡觉 (shuìjiào)：睡一觉，睡了一觉，睡懒觉

吃饭 (chīfàn)：吃点儿饭，吃了饭，吃了早饭，吃了三顿饭

洗澡 (xǐzǎo)：洗个澡，洗了一个澡，洗完澡

读书（dúshū）：读了书，读了一本书，读了一个小时的书，读了很多书

写字（xiězì）：写了字，写了一个字

游泳（yóuyǒng）：游个泳，游了泳

跳舞（tiàowǔ）：跳个舞，跳了舞

结婚（jiéhūn）：结了婚，结完了婚，结过两次婚

帮忙（bāngmáng）：帮了忙，帮了一个忙，帮了很多忙

考试（kǎoshì）：考了试，考完了试，考了一个试，考了很多试

上当（shàngdàng）：上了当，上了一个当

冒险（màoxiǎn）：冒了险，冒了一个险

放心（fàngxīn）：放了心，放一百个心

汉语离合词的构成方式都是动宾结构，动词后面的名词已经相当于一个宾语（如面、觉、饭、澡、书、字、泳、舞、婚、忙、试、当、险、心），因此在离合词的后面不可以再加宾语（如下面的汉语例句②、④）。把这些离合词译成意大利语时，直接把它们看作是动词，后面可以再加宾语（见下面的意大利语例句①、②、④），也可以不加宾语，因为宾语已经暗含在动词里（见意大利语例句③）。这条规则初学者一定要牢记，否则会出现错误。如，汉语例句②、④。

In cinese la struttura dei "composti scomponibili" è sempre una struttura verbo-oggetto, il nome che segue il verbo, infatti, ne costituisce l'oggetto (come 面 miàn, 觉 jiào, 饭 fàn, 澡 zǎo, 书 shū, 字 zì, 泳 yǒng, 舞 wǔ, 婚 hūn, 忙 máng, 试 shì, 当 dàng, 险 xiǎn, 心 xīn). Perciò dopo un'espressione di questo tipo non può essere inserito un oggetto (esempi ② e ④). Nella traduzione in italiano questi composti possono essere resi direttamente come verbi a cui si può aggiungere un oggetto (come negli esempi ①, ② e ④). Ma si può anche non inserire alcun oggetto, come nel caso dell'esempio ③. Attenzione a non commettere l'errore di inserire un secondo oggetto in cinese, come nelle frasi sbagliate degli esempi ② e ④.

例句 ❶ 昨天我跟我的老师见面了。 （✓） Ieri ho incontrato il mio professore. （✓）

❷ 昨天我见面了我的老师。 （✗） Ieri ho incontrato il mio professore. （✓）

❸ 我很喜欢读书。 （✓） Mi piace molto leggere. （✓）

❹ 我很喜欢读书书了。 （✗） Mi piace molto leggere libri. （✓）

参考答案

Esercizi svolti

第一课 | Prima lezione

4. 认读并注音

你 nǐ   您 nín   好 hǎo   吗 ma   呢 ne

我 wǒ   也 yě   很 hěn   都 dōu   家人 jiārén

5. 请把下面的词组成句子

1) 你好吗？

2) 您也好吗？

3) 您好，先生！

4) 我也很好。

5) 我家人也都很好。

第二课 | Seconda lezione

5. 认读并注音

贵姓 guìxìng 姓 xìng   叫 jiào   请问 qǐngwèn 名字 míngzi 是 shì

怎么 zěnme   称呼 chēnghu 高兴 gāoxìng 认识 rènshi   小姐 xiǎojiě

6. 请把下面的词组成句子

1) 小姐，请问您贵姓？/请问小姐，您贵姓？

2) 怎么称呼您？

3) 我的名字叫保罗。

4) 你是保罗吗？

5) 很高兴认识你。/ 认识你很高兴。

2. 读下面的数字并写出拼音

二 èr 　　　五 wǔ 　　　八 bā 　　　十 shí 　　　九 jiǔ 　　　三 sān

六 liù 　　　四 sì 　　　一 yī 　　　七 qī 　　　二十二 èrshí'èr 　　　三十五 sānshíwǔ

一百二十 yìbǎi èrshí 　　　三千五百一十四 sānqiān wǔbǎi yīshísì 　　　九十九 jiǔshíjiǔ

五千二百六十 wǔqiān èrbǎi liùshí 　　　一万 yíwàn

一万二千零四十 yíwàn èrqiān líng sìshí

3. 用汉语读出下面的数字

11（十一）　　　16（十六）　　　13（十三）　　　15（十五）

21（二十一）　　　27（二十七）　　　34（三十四）　　　52（五十二）

68（六十八）　　　73（七十三）　　　82（八十二）　　　99（九十九）

100（一百）

4. 认读并注音

多大 duō dà 　　　今年 jīnnián 　　　岁 suì 　　　几 jǐ 　　　口 kǒu

爸爸 bàba 　　　妈妈 māma 　　　哥哥 gēge 　　　和 hé 　　　他 tā

零 líng 　　　百 bǎi 　　　千 qiān 　　　万 wàn

5. 完成下面的对话并注音

A: 您贵姓？Nín guìxìng?

B: 我姓李，叫大明。你的名字是？Wǒ xìng Lǐ, jiào Dàmíng. Nǐ de míngzi shì?

A: 我叫保罗。Wǒ jiào Bǎoluó.

B: 你今年多大了？Nǐ jīnnián duō dà le?

A: 我二十五岁。你呢？Wǒ èrshíwǔ suì. Nǐ ne?

B: 我今年也二十五岁。Wǒ jīnnián yě èrshíwǔ suì.

A: 你家有几口人？Nǐ jiā yǒu jǐ kǒu rén?

B: 我家有四口人，爸爸、妈妈、哥哥和我。Wǒ jiā yǒu sì kǒu rén, bàba、māma、gēge hé wǒ.

A: 你哥哥多大了？Nǐ gēge duō dà le?

B: 我哥哥三十岁了。Wǒ gēge sānshí suì le.

6. 阅读短文

　　Wǒ jiào Lāfǎ, jīnnián èrshíyī suì. Wǒ jiā yǒu sì kǒu rén, bàba、māma、gēge hé wǒ. Wǒ bàba jiào Bǎoluó, jīnnián wǔshíwǔ suì. Wǒ māma jiào Bǎolā, jīnnián wǔshí'èr suì. Wǒ gēge jiào Ādélǐ, jīnnián èrshísì suì.

第四课 | Quarta lezione

3. 认读并注音

哪 nǎ	那 nà	这 zhè	国 guó	人 rén
不 bù	对不起 duìbuqǐ	没关系 méi guānxi		
我们 wǒmen	你们 nǐmen	他们 tāmen	她们 tāmen	
来自 láizì	朋友 péngyou			

4. 请把下面的词组成句子

1) 她们都不是意大利人。/她们不都是意大利人。

2) 中国很大，也很漂亮。

3) 我们都来自中国北京。

4) 请问，您是哪国人？

5. 请将下面划线的单数名词变成复数形式并朗读句子

1) 他（他们）问我（我们）是哪国人。

2) 你（你们）来自中国北京吗？

3) 他们是你（你们）的爸爸和妈妈吗？

4) 我（我们）的爸爸、妈妈都很漂亮。

5) 我（我们）很高兴认识李大明。

6) 他（他们）的名字很好听。

6. 请在下面的括号内正确填上"不"或"没"

1) 我们（不）是法国人，也（不）是德国人，我们是意大利人。

2) 我（没）有哥哥，也（没）有弟弟。

3) 我（没）有汉语名字。

4) 她们（不）是来自罗马，是来自巴黎。

5) 对不起，他们（不）是日本人，是中国人。

6) 请问，你们都（没）有中国朋友吗？

第五课　Quinta lezione

3. 认读并注音

律师 lǜshī　　　名片 míngpiàn　　大学 dàxué　　　大家 dàjiā　　　一下儿 yíxiàr

学生 xuésheng　工程师 gōngchéngshī　　　　　多 duō　　　　请 qǐng

关照 guānzhào　经理 jīnglǐ　　　　哪儿 nǎr　　　银行 yínháng　职员 zhíyuán

知道 zhīdào　　以后 yǐhòu　　　老师 lǎoshī　　法语 Fǎyǔ　　汉语 Hànyǔ

公司 gōngsī　　工作 gōngzuò　　做 zuò　　　什么 shénme　介绍 jièshào

在 zài　　　　位 wèi　　　　威尼斯 Wēinísī

4. 请把下面的词组成句子

1) 我来介绍一下儿这位汉语老师。

2) 你哥哥做什么工作？

3) 我爸爸在一家大公司工作。

4) 她是我和保罗的汉语老师。 ／我是她和保罗的汉语老师。／保罗是我和她的汉语老师。

5. 请正确选择下面的量词填空

1) 我家有三（口）人。

2) 我妈妈在一（个）大学工作。

3) 我哥哥在一（家）银行工作。

4) 这（位）是我的汉语老师。

5) 我有一（个/位）中国朋友。

7. 阅读短文

　　Nǐmen hǎo, wǒ lái jièshào yíxiàr. Wǒ jiào Bābālā, shì Yìdàlìrén, jīnnián èrshísān suì, lái zì Yìdàlì de Luómǎ. Wǒ jiā yǒu sì kǒu rén, yǒu bàba, māma, gēge hé wǒ. Wǒ māma shì Fǎguórén, tā jīnnián sìshíjiǔ suì, tā shì lǜshī. Wǒ bàba shì Yìdàlìrén, jīnnián wǔshíliù suì, tā shì gōngchéngshī. Wǒ gēge jīnnián èrshíqī suì, zài yì jiā yínháng gōngzuò, tā shì zhíyuán. Wǒ shì dàxuéshēng, zài Wēinísī Dàxué xuéxí Hànyǔ hé Fǎyǔ.

1. 请快速准确地说出下面的时间，并用汉字写出来

19:45　（十九点四十五分/十九点三刻/二十点差一刻/二十点差十五/差一刻二十点/差十五分二十点）

20:15　（二十点一刻/二十点十五/晚上八点一刻/晚上八点十五）

17:01　（十七点零一分）

19:50　（十九点五十分/二十点差十分/差十分二十点）

8:30　（八点半/八点三十分）

12:00　（十二点/十二点整）

2. 请就下面划线部分提问

1) 现在三点过五分。→现在几点了？

2) 我来中国已经三年了。→你来中国几年了？ / 你来中国多长时间了？

3) 我要在中国待两三年。→你要在中国待多长时间？

4) 芭芭拉和她的朋友八点十分在公司见面。→芭芭拉和她的朋友几点在公司见面？ /
芭芭拉和她的朋友什么时候/时间在公司见面？

5) 她每天早上七点二十左右吃早饭。→她每天早上几点吃早饭？

6) 我哥哥每天下午差五分两点去大学。→你哥哥每天下午几点去大学？

3. 在下面的句子中填写"时间"或"时候"，并说说为什么

1) 明天我们什么（时候/时间）可以见面？

2) 芭芭拉在中国的（时候），我是她的汉语老师。

3) 明天有（时间），我要和王小红见面。

4) 你明天什么（时间/时候）去公司？

5) 李大明到威尼斯的（时间）是十二点零五分。

6) 今天你学习了多长（时间）的汉语？

4. 请把下面的词组成句子

1) 你以后还来中国吗？

2) 我每天十二点半在公司吃饭。/每天十二点半我在公司吃饭。

3) 你来中国多长时间了？

4) 我们明天下午五点二十在银行见面。/明天下午五点二十我们在银行见面。

5) 我们星期日下午去王丽家。/星期日下午我们去王丽家。

7. 阅读短文

Wǒ jiào Fǎbǐ'āo, shì Yìdàlìrén, jīnnián èrshíqī suì. Wǒ lái Zhōngguó yì nián duō le, xiànzài wǒ zài yì jiā Yìdàlì de gōngsī gōngzuò. Wǒ měi tiān zǎoshang qī diǎn chī zǎofàn, bā diǎn bàn zuǒyòu qù gōngsī, wǎnshang qī diǎn bàn huí jiā.

Zhège yuè de sān hào wǒ yào huí guó, yí gè yuè yǐhòu wǒ hái huílai.

Jīntiān xiàwǔ sān diǎn èrshí wǒ yào hé wǒ de péngyou Bābālā zài gōngsī jiànmiàn, wǒ hěn gāoxìng.

第七课 Settima lezione

1. 请把下面的句子的改成正反疑问句

1) 李大明的家很大。　　　　→李大明的家大不大？

2) 鸡蛋汤很好喝。　　　　　→鸡蛋汤好喝不好喝？/鸡蛋汤好不好喝？

3) 我喜欢吃米饭和菜。　　　→你喜欢不喜欢吃米饭和菜？/你喜不喜欢吃米饭和菜？

4) 我哥哥要去公司工作。　　→你哥哥要不要去公司工作？

5) 王丽想喝一杯可口可乐。　→王丽想不想喝一杯可口可乐？

2. 请把下面的句子改成用"是……还是"的选择疑问句

1) 他们想喝冰镇啤酒。　　　→ 他们（是）想喝冰镇啤酒还是可乐？

2) 她要一碗面条。　　　　　→ 她（是）要面条还是要米饭？

3) 今天星期三。　　　　　　→ 今天（是）星期三还是星期四？

4) 我哥哥每天早上七点半吃早饭。→ 你哥哥每天早上（是）七点半吃早饭还是八点吃早饭？

5) 王丽下午去银行。　　　　→ 王丽下午（是）去银行还是去邮局？

3. 请用"一点儿"或"有点儿"填空

1) 我的朋友<u>有点儿</u>不高兴。

2) 我的朋友能说<u>一点儿</u>汉语。

3) 她<u>有点儿</u>饿，想吃<u>一点儿</u>面条。

4) 我学习了<u>一点儿</u>汉语，也学习了<u>一点儿</u>意大利语。

5) 玛丽<u>有点儿</u>想家了。

6) 你想喝<u>一点儿</u>什么？

4. 请在下面的句子中合适的位置填上"就"

1) 我去公司，你也去吧，我们<u>就</u>在公司见面。

2) 你马上<u>就</u>来吧，我很想你。

3) 我们现在<u>就</u>去银行吧，王丽也在那儿。

4) 请您稍等，她一会儿<u>就</u>来。

5) 他下了课<u>就</u>回家。

6) 我们现在<u>就</u>去吃点儿东西吧。

5. 请把下面的词组成句子

1) 我们要米饭、菜和一碗面条。

2) 这儿的咖啡很好喝。

3) 我想要一杯绿茶和一瓶水。

4) 我很喜欢吃中国的饺子。

5) 他要一盘饺子和一盘牛肉炒面。

6) 我要一杯冰镇啤酒。

6. 阅读短文

Wǒ lái Zhōngguó yì nián le, wǒ hěn xǐhuan Zhōngguó. Zài Zhōngguó, wǒ xǐhuan chī jiǎozi、niúròu chǎomiàn、mǐfàn hé cài, xǐhuan hē jīdàntāng. Wǒ měi tiān hē bīngzhèn píjiǔ. Wǒ yě xǐhuan hē Zhōngguóchá, hóngchá、lǜchá wǒ dōu xǐhuan hē. Wǒ bù xǐhuan hē zhèr de kāfēi, zhèr de kāfēi méiyǒu Yìdàlì de hǎohē.

第八课 Ottava lezione

1. 请把语气助词"了"放在下面的句子中，并说出其含义

1) 我觉得学习汉语太有意思<u>了</u>。（语气助词，表示赞叹）

2) 他会说汉语<u>了</u>。（语气助词，表示事态变化）

3) 我们都会写一点儿汉字<u>了</u>。（语气助词，表示事态变化）

4) 老师说得太对了。（语气助词，表示赞叹）

5) 写中国字太不容易了。（语气助词，表示感慨）

6) 她喜欢吃中国的饺子了。（语气助词，表示事态变化）

7) 我有兴趣学习汉语了。（语气助词，表示事态变化）

2. 请在下面的句子中填上程度补语

1) 我的汉语学得<u>不错/很好</u>。

2) 保罗汉字写得<u>很漂亮/很好（看）</u>。

3) 她妈妈的中国菜做得<u>很好吃/很不错</u>。

4) 这儿的汤做得<u>很好喝/很不错</u>。

5) 她每天来得<u>很早/很晚</u>。

6) 他们的歌唱得<u>很好听/很不错</u>。

7) 我每天学习得<u>很晚</u>。

8) 我们的老师说得<u>很对/很多</u>。

9) 你的汉语学得<u>怎么样/不错吧/很好吧</u>?

3. 请在下面的句子中填上适当的量词

1) 那（位）中国老师我认识。

2) 我要了一（碗/盘）饺子和一（盘/碗）牛肉炒面。

3) 这（幅/张）画太好看了。

4) 我很喜欢听这（首）歌。

5) 我喝了一（瓶/杯）可乐，大明喝了一（碗）鸡蛋汤。

6) 我每天喝一（杯）绿茶。

4. 请把下面的词组成句子

1) 汉语不难也不容易。

2) 学习汉语很有意思。

3) 每个汉字都是一幅画。

4) 说汉语就是在唱一首歌。

5) 兴趣是一位好老师。

5. 请完成下面句子

1) 我觉得<u>汉语不太难</u>。

2) 我觉得<u>他的意大利语很不错</u>。

3) 我觉得这幅中国画很好看。

4) 我觉得你唱歌很好听。

5) 我觉得汉字很难写。

6) 我觉得学汉语很有意思。

6. 请用"会"完成下面对话

1) A: 你会唱中国歌吗？

   B: 我喜欢听，但是不会唱。

2) A: 你会说哪些语言？

   B: 我会英语和一点儿汉语。

3) A: 你会做中国菜吗？

   B: 我不会做，我每星期去我朋友家吃中国菜。

4) A: 你会画中国画吗？

   B: 我不会画，但我很喜欢看中国画。

5) A: 你会做意大利面条吗？

   B: 我会做，在家我每天都做意大利面条。

7. 阅读短文

　　Bǎolā xuéxí Hànyǔ liǎng nián le, tā juéde xuéxí Hànyǔ hěn yǒuyìsi. Shuō Hànyǔ shì zài chànggē, xiě hànzì shì zài huàhuà. Xuéxí Hànyǔ yào yǒu xìngqù, xìngqù shì yí wèi hǎo lǎoshī, méiyǒu xìngqù jiù xué bu hǎo Hànyǔ. Xuéxí Hànyǔ hái yào duō tīng、duō shuō、duō dú、duō xiě, zhèyàng nǐ jiù huì juéde xuéxí Hànyǔ róngyì le, bú huì juéde hěn nán le.

第九课 | Nona lezione

1. 请正确、快速读出下面的钱数，并用汉字写出来

50元　　　（五十元/五十块）

12.30元　（十二元三角/十二块三毛/十二块三）

100.08元　（一百元零八分/一百块零八分）

0.8元　　（八角/八毛）

0.02元　（二分/两分）

2.75元　（两元七角五分/两块七毛五分/两块七毛五）

120.04元　（一百二十元零四分／一百二十块零四分）

14.00元　　（十四元／十四块）

297.30元　（两百九十七元三角／两百九十七块三毛／二百九十七元三角／二百九十七块三毛）

645元　　　（六百四十五元／六百四十五块）

23.08元　　（二十三元零八分／二十三块零八分）

984.32元　（九百八十四元三角二分／九百八十四块三毛二分／九百八十四块三毛二）

832.04元　（八百三十二元零四分／八百三十二块零四分）

517.00元　（五百一十七元／五百一十七块）

0.18元　　（一角八分／一毛八分／一毛八）

0.9元　　　（九角／九毛）

2. 请将动态助词"了"填在下面句子里适当的位置

1) 我和哥哥昨天吃了面条。

2) 今天早上我去了大学。

3) 那位小姐找了我两块五毛钱。

4) 今天上午我给爸爸、妈妈寄了一封快件，保拉给她的朋友寄了一封平信。

5) 保罗去银行换了两百欧元的人民币。

6) 今天上午我去银行取钱，在那儿等了二十分钟。

3. 选择适当的动词重叠形式填空（教、写、问、看、听、说、等、数）

1) 我有一个问题，可以问问你吗？

2) 我不会做中国菜，你可以教教我吗？

3) 晚上我一般在家看看书，写写汉字。

4) 我们很想听听保罗用意大利语唱歌。

5) 这是找给你的钱，请你数数。

6) 王老师现在不在，请你等等，好吗？

7) 请你说说这个汉字是什么意思，好吗？

6. 阅读短文

Bǎoluó xiǎng qù yínháng huàn qián, tā jiào Dàmíng hé tā yìqǐ qù. Dàmíng xiàwǔ yǒu shíjiān, kěyǐ hé Bǎoluó yìqǐ qù. Tāmen sān diǎn yí kè zài Dàmíng jiā jiànmiàn, ránhòu yìqǐ qù yínháng.

Tāmen sān diǎn bàn dàole yínháng, búguò, yínháng de rén hěn duō, tāmen zài nàr děngle hěn cháng shíjiān. Bǎoluó yígòng huànle liǎng bǎi Ōuyuán de Rénmínbì, tā shǔhǎo qián yǐhòu, hé Dàmíng qùle yóujú.

Zài yóujú, Bǎoluó gěi tā de péngyou jìle yì fēng kuàijiàn, liǎng tiān yǐhòu tā de péngyou jiù kěyǐ kàndào Bǎoluó jì gěi tā de xìn le. Bǎoluó xiǎng, tā de péngyou kàndào tā de xìn yǐhòu, yídìng huì hěn gāoxìng.

第十课 | Decima lezione

1. 请把下面的句子改成带有"是……的"的句子

1) 我走着来上学。　　　　　→我是走着来上学的。

2) 我来中国学习汉语。　　　→我是来中国学习汉语的。

3) 保罗去银行取钱。　　　　→保罗去银行是去取钱的。

4) 做记者很辛苦。　　　　　→做记者是很辛苦的。

5) 银行下午六点半关门。　　→银行是下午六点半关门的。

6) 我做过导游工作。　　　　→我是做过导游工作的。

2. 请把下面的句子改成由动宾词组作主语的句子

1) 我不太喜欢写汉字。　　　→写汉字我不太喜欢。

2) 我们认识保拉很高兴。　　→认识保拉我们很高兴。

3) 我很喜欢学经济。　　　　→学经济我很喜欢。

4) 大家都喜欢听保罗唱歌。　→听保罗唱歌大家都喜欢。

5) 他很高兴当我的汉语老师。→当我的汉语老师他很高兴。

3. 用课文里的生词填空

1) 我爸爸在意大利是一位<u>经理</u>，这是他的名片。

2) 我妈妈不工作，她在家做<u>家务</u>，她是<u>一位家庭主妇</u>。

3) 我哥哥在<u>银行</u>工作，他是银行<u>职员</u>。

4) 我不想当<u>经理</u>，我想在<u>中国</u>当<u>意大利语</u>老师，还可以去很多地方<u>旅游</u>，我觉得这样的<u>生活</u>更有意思。

5) 我是<u>学</u>经济<u>专业</u>的，毕业以后，我很想去一家<u>贸易</u>公司工作，这样，我的汉语就<u>有用</u>了。

6. 阅读短文

Wǒ jiào Wáng Lì, liǎng nián qián wǒ dàxué bìyè le, qùle yì jiā bǎoshè gōngzuò. Wǒ zài nàr dāng jìzhě, měi tiān hěn máng, yě hěn xīnkǔ. Xiànzài wǒ huànle yí ge gōngzuò, zǎ yì jiā lǚyóu gōngsī dāng dǎoyóu. Wǒ hěn mǎnyì wǒ xiànzài de gōngzuò. Xiànzài wǒ měi tiān yě hěn xīnkǔ, búguò hěn yǒuyìsi. Wǒ kěyǐ qù hěn duō dìfang, hái kěyǐ rènshi hěn duō péngyou, wǒ juéde zhèyàng de shēnghuó gèng yǒuyìsi.

第十一课 Undicesima lezione

2. 请把"在"填在下面句子中适当的位置上

1) 我爸爸（在）家，我妈妈不（在）家。

2) 我现在住（在）花园小区，我的朋友也（在）花园小区住。

3) 我（在）学习汉语，我哥哥（在）学英语。

4) 保拉（在）北京大学学习汉语。

5) 我跟朋友（在）饭店吃饭。

6) 她和保罗（在）排队换钱。

7) 王老师不（在）家，他（在）上课。

8) 王丽和保罗明天上午九点（在）酒店见面。

3. 请选择括号里的词，放在下面句子中恰当的位置上

1) 花园小区（离）北京大酒店不远。

2) 我来（自）罗马，他来（自）威尼斯。

3) 我（在）博物馆等你，一会儿见。

4) 我住（在）北京大酒店前面。

5) 这位老师来（自）中国的北京。

6) 大学（离）博物馆不太远，走路要十分钟左右。

4. 请用"又……又……"把下面的词语连接起来组成句子

1) 他汉字写得又快又好。

2) 小王回到家又吃又喝。

3) 这个房间不错，又舒服又干净。

4) 我不喜欢这个工作，又忙又没意思。

5) 忙了一天，他又渴又饿。

6) 他们今天很高兴，又说又唱。

5. 请正确选择"那儿、哪儿、这儿"填空

1) 明天我们一起去离我家不远的那个书店买书，（那儿）的书很多。

2) 从你（那儿/这儿）到我（这儿/那儿）远吗？

3) 明天我们要去（哪儿）买书？

4) 晚饭后我们都去保罗（那儿）唱歌。

5) （这儿/那儿）的酒店怎么样？

6) 你知道在（哪儿）可以换钱吗？

6. 请把介词"往"放在下面句子中合适的位置上

1) 你一直（往）前走，就会看见一个红绿灯。

2) 以前（yǐqián）写汉字是从上（往）下，从右（往）左，现在也是这样吗？

3) 请大家（往）前看，那就是这儿最大的博物馆。

4) 从这儿（往）前走就是银行，（往）左拐有一个酒店。

5) （往）前走500米，再（往）左拐，你就能看见那座漂亮的白色大楼了。

7. 阅读短文

Wáng Lì de jiā zhù zài Huāyuán Xiǎoqū Rénmín Lù wǔshíqī hào. Nàr shì yí gè hěn piàoliang de shēnghuó xiǎoqū, yǒu hěn duō piàoliang de lóufáng. Tā yǐqián zhù de dìfang bǐjiào xiǎo, yě bǐjiào chǎo, xiànzài zhù de zhège xiǎoqū hěn shūfu, yòu gānjìng yòu ānjìng. Wáng Lì hé tā de jiārén dōu hěn mǎnyì.

Bǎoluó zhù zài Běijīng Dà Jiǔdiàn, lí Wáng Lì de jiā bú tài yuǎn, zuò yāo líng wǔ lù gōnggòng qìchē, dàgài shíwǔ fēnzhōng jiù dào le.

Bǎoluó yìzhí xiǎng qù bówùguǎn kànkan. Jīntiān Bǎoluó láidào Wáng Lì jiā, tā xiǎng qǐng Wáng Lì hé tā yìqǐ qù. Cóng Wáng Lì jiā yìzhí wǎng qián zǒu, guò hóng-lǜdēng, zài wǎng zuǒ guǎi, jiù kěyǐ kànjiàn yí gè piàoliang de báisè dà lóu, nà jiù shì bówùguǎn.

第十二课　Dodicesima lezione

1. 在下面的句子中填上适当的动词，组成兼语句和连动句合用的句式

　　1) 我（陪）哥哥（去）超市（买）零食。

　　2) 王丽（请）我（陪）她（去）看保罗。

　　3) 保拉（陪）保罗（去）大学（看看）。

　　4) 张大明（叫）保罗（买）两瓶矿泉水（给）他。

　　5) 王丽（请）男朋友（去）饭馆（吃）饭。

　　6) 星期天我想（请）大海（来）我家（吃饭）。

2. 请在下面句子中适当的位置填上助词"的"

　　1) 我带一点儿吃（的）给你。

　　2) 这个超市（的）东西又便宜又好。

　　3) 我觉得今天（的）汉语课没有意思。

　　4) 这件衣服是我新买（的）。

　　5) 这是我们经理给你（的）名片。

　　6) 学校旁边（的）银行换钱很方便。

3. 请在下面句子中适当的位置填上助词"了"

　　1) 我最喜欢吃苹果（了）。

　　2) 今天我吃（了）很多零食。

　　3) 现在要上课（了）。

　　4) 保罗已经会说汉语（了）。

　　5) 我们都是老朋友（了）。

　　6) 这里的面条太好吃（了）。

　　7) 我最喜欢来这个超市买东西（了）。

　　8) 他们去保罗家（了）。

4. 请在下面的括号里填上"再"或"又"

　　1) 我买了水果和矿泉水，一会儿我（再）买点儿零食。

　　2) 我最喜欢吃饺子和面条，今天我（又）吃了很多。

　　3) 你妈妈（又）来找你了。

　　4) 我想（再）吃一碗面条。

5) 我什么时候能（再）见到你？

6) 张大明（又）唱了一首歌。

7) 明天我（又）要去书店买书了。

8) 我（又）想吃饺子和面条了。

第十三课 Tredicesima lezione

1. 请选择适当的语气助词填空

1) 这里的天气多好（啊）！

2) 还有一些事情我没做完（呢）。

3) 我最喜欢吃零食，你（呢）？

4) 这个公园真漂亮（啊）！

5) 这些东西都是你的（吗/啊）？

6) 好（啊），现在我们一起去超市（吧）。

7) 门开着（呢/啊），你进来（吧）。

8) 这样学习学得最快（啦）。

9) 这么早就开门（啦/啊）。

2. 请在下面的句子中填上趋向动词"出来"或"出去"

1) 春天到了，这里的花儿都长（出来）了。

2) 今天下午我们一起（出去）买东西。

3) 大明，请你（出来）一下，你朋友在门口这儿等你呢。

4) 她穿了一件漂亮的新衣服走（出来），我们都不认识她了。

5) 今天天气不错，我们（出去）散散步吧。

3. 请在下面的句子中合适的位置填上助词"着"

1) 门上写（着）房间号码。

2) 他进来的时候，我们正上（着）课呢。

3) 树上开（着）漂亮的花儿。

4) 上面写（着）苹果两块钱一斤，你不用再问了。

5) 我们说（着）话，唱（着）歌，一会儿就到王丽家了。

4. 请用课文里的生词填空

1) 你们看（天气预报）了没有？

2) 我看这次春游（泡汤）了。

3) 后天是星期一，我不能睡（懒觉）了！

4) 我女朋友说她明天有事儿，不能陪我去春游了，真（扫兴）！

5) 我想一个人去中国学习汉语，可是爸爸、妈妈不太（放心）。

6) 保罗不太（习惯）这儿的天气。

第十四课 Quattordicesima lezione

1. 根据"就是"的不同含义和用法将下面的句子分成两类

第一组："就是"是两个词，"就"是副词，有加强肯定的作用，"是"是动词：

1) 我们刚才说的那个学生就是他。3) 我想要的就是这本汉语书。5) 我就是那个来中国学汉语的意大利学生。

第二组："就是"是一个副词，表示"确定范围，排除其他"，意义同"只是、（只）不过"：

2) 你的汉字写得很好，就是写得有点儿慢。4) 他汉语说得很流利，就是有点儿快。6) 这件衣服很漂亮，就是大了点儿。

2. 请用课文中的生词填空

1) 我想（预订）一个（标准间）。

2) 标准间环境很好，有（彩电）、（空调）和电话。

3) 飞机（中途）要在法兰克福转机，（停留）时间为两个小时。

4) 请（出示）您的机票。

5) （麻烦）您帮我买一本汉语书，好吗？

6) 我觉得你穿蓝色的衣服很（合适）。

3. 请在下面句子中合适的位置加上"是"

1) 写汉字（是）很难，不过很有意思。

2) 我（是）昨天来中国的。

3) 我（是）北京大学的学生。

4) 保拉（是）坐公共汽车来的。

5) 中国北方的冬天（是）很冷，但房间里很暖和（nuǎnhuo）。

6）这件事（是）她告诉我的。

4. 把下面的词组成句子

1）请把您的姓名和身份证号码告诉我。

2）我们已经帮您预订了一个五月六号的标准间。

3）您把您的护照号码告诉我就行了。

4）我在北京大酒店预订了一个单人间。

5）我想预订两张飞往罗马的飞机票。

6）服务员把火车票送到我的房间来了。

5. 请把下列句子改写成"把"字句

1）我（把）这本书给了王丽。

2）他（把）饺子放在冰箱里了。

3）你（把）这件衣服洗了吧。

4）我想（把）这些饺子和面条吃完。

5）请你（把）地址写在本子上。

6）他们（把）这些东西都送来了。

第十五课 | Quindicesima lezione

1. 请在下面的句子中填上结果补语"到"或"好"

1）我们学（到）第十五课了。

2）我拿（到）机票，就去大使馆办签证。

3）妈妈刚预订（好）宾馆，就马上给我打了电话。

4）这个电话是打（到）中国的。

5）我买（好）东西，就去看朋友。

6）我的作业已经写（好）了，可以交给老师了。

2. 请用"……的话"连接下面的句子

1）你喜欢吃面条（的话），我们今天晚上就去吃。

2）你们有什么问题（的话），可以来找我。

3）保拉回来（的话），请她给我打个电话。

4) 你现在忙（的话），我明天再来。

5) 你经常说汉语（的话），口语就会越来越好。

6) 不会说汉语（的话），去中国会很麻烦。

7) 我们不预订房间（的话），到时候可能没有地方住。

8) 你不喜欢这件衣服（的话），可以再去换一件。

3. 请在下面的句子中填上准确的量词

1) 我的朋友现在在一（家）旅行社工作。

2) 北京大学是一（个/所）很漂亮的大学。

3) 我找到这（个/份）工作很不容易。

4) 请给我一（杯）咖啡。

5) 这（张）照片不是很清楚。

6) 王老师是一（个/位）很有经验的老教师。

4. 请选择"还是"或"或者"填入下面的括号内

1) 今天去公园（还是）去博物馆？

2) 我们去苏州（或者）去杭州玩儿几天好吗？

3) 你是喜欢喝茶（还是）喜欢喝咖啡？

4) 今天下午你来我家（或者）我去你家，好吗？

5) 我们在麦当劳门口见（还是）在体育馆门口见？

6) 你买一点儿零食（或者）买几瓶可乐都行。

7) 我们是去超市（还是）去自由市场买东西？

8) 我们去超市（或者）自由市场买点儿东西吧。

5. 请用"先……然后……再……"连接下面的词语并组成句子

1) 回到家，我先吃饭，然后学习，再睡觉。

2) 下班后，妈妈总是先去买菜，然后做饭，吃过饭再洗碗。

3) 中国人习惯先吃凉菜，然后吃热菜，再喝汤。

4) 到中国以后，我们先学习，然后去参观各个学校，最后再到各地观光、游览。

5) 我们的汉语课是先学生词，然后学习课文，再学习语法。

参考译文
Traduzione dialoghi

Prima lezione | Ciao

Testo

1) A: Ciao!
   B: Ciao!

2) A: Buongiorno!
   B: Buongiorno!

3) A: Come stai?
   B: Io bene, e tu?
   A: Anch'io.

Testo supplementare: Buongiorno

1) A: Buongiorno!
   B: Buongiorno!

2) A: Paul, come stai?
   B: Bene.
   A: I tuoi stanno tutti bene?
   B: Tutti bene, grazie!

3) A: Buonasera!
   B: Buonasera!

Seconda lezione | Come si chiama

Testo

1) A: Come si chiama?
   B: Il mio cognome è Wang, mi chiamo Wang Li. E tu?
   A: Mi chiamo Paul.

2) A: Scusa, il tuo nome è…
   B: Mi chiamo Barbara, e tu?
   A: Li Daming.
   B: Ciao!
   A: Ciao!

3) A: Buongiorno!
   B: Buongiorno! Scusi, come la posso chiamare?

A: Mi chiamo Li Daming, e lei?
B: Io mi chiamo Paola.
A: Piacere di conoscerLa signorina Paola.
B: Il piacere è mio signor Li.

Testo supplementare: Hai un bel nome

A: Buongiorno, lei è il signor Paul?
B: Sì, e tu sei…
A: Mi chiamo Li Daming, può chiamarmi Daming. "Da" di "grande" e "ming" di "luce".
B: Grande, luce… che bel nome!
A: Grazie!

Terza lezione | Quanti anni hai

Testo

1) A: Paul, quanti anni hai?

   B: Venti, e tu?

   A: Io diciannove.

   B: Ah, sono più vecchio io.

2) A: Barbara, quanti siete in famiglia?

   B: Siamo in quattro: papà, mamma, mio fratello maggiore e io.

   A: Quanti anni ha tuo fratello?

   B: Ha trentun anni.

3) A: Paola, tu hai un fratello maggiore?

   B: No, ho un fratello minore.

   A: Quanti hanni ha tuo fratello minore?

   B: Ha nove anni.

Testo supplementare: Diciamo di numeri

uno   due   tre   quattro   cinque sei   sette   otto   nove   dieci   zero
undici   dodici   diannove   venti   ventuno   trenta   novantanove
cento   centouno   centonove   centodieci   centoventisei
mille   millecentouno   millecentodieci   millecentoundici
diecimila   undicimilacentoundici   diecimilauno undicimiladieci

Quarta lezione | Di che Paese sei

Testo

1) A: Paul, di che Paese sei?

   B: Sono francese.

   A: E Barbara e Paola?

   B: Sono entrambe italiane.

2) A: Signore, lei è giapponese?

   B: No, sono cinese.

   A: Mi scusi.

   B: Non fa niente.

Testo supplementare: Sono di Pechino

1) A: Buongiorno, mi scusi, lei di dov'è?

   B: Sono cinese, e tu?

   A: Io sono italiana. La Cina è molto grande e molto bella!

B: Grazie, l'Italia è piccola, e anch'essa molto bella!

2) Mi chiamo Paul, sono francese, vengo da Parigi. Lei si chiama Barbara, non è francese, è italiana e viene da Roma. Questa è Wang Li, quello è Li Daming, sono entrambi cinesi. Wang Li è di Shanghai e Li Daming è di Pechino. Siamo tutti buoni amici.

Quinta lezione   Presentazioni

Testo

1) A: Faccio io le presentazioni: questa è la professoressa Wang, è l'insegnante di cinese mia e di Paola. Lui è Li Daming, è un avvocato ed è anche un mio caro amico.

   B: Buongiorno, professoressa Wang.

   C: Buongiorno signor Li.

   B: Professoressa Wang, questo è il mio biglietto da visita.

   C: Grazie. Sono felice di conoscerLa.

2) A: Buongiorno! Mi chiamo Wang Li, sono cinese, sono un insegnante dell'Università di Pechino.

   B: Buongiorno a tutti! Io sono Paola, sono italiana, sono una studentessa dell'Università di Venezia.

   C: Io mi chiamo Paul, sono francese, sono ingegnere. Spero che mi darete una mano!

Testo supplementare: Che lavoro fa tuo papà?

   A: Paola, che lavoro fa tuo papà?

   B: È un manager, lavora in una azienda.

   A: E tua mamma?

   B: Lei sta a casa, non lavora.

   A: Tuo fratello maggiore dove lavora?

   B: Lavora in banca, è un impiegato di banca.

   A: So che tu sei una studentessa, cosa studi?

   B: Studio francese e cinese. Spero che mi darete il vostro aiuto!

Sesta lezione   Che giorno è oggi

Testo

1) A: Barbara, che giorno della settimana è oggi?

   B: Oggi è martedì.

A: Quando torni nel tuo Paese?

B: Il quattro maggio.

A: Che giorno è il quattro maggio?

B: Mercoledì.

2) A: Che ore sono adesso?

B: Sono le otto.

A: A che ora vai in azienda?

B: Alle otto e mezza.

A: A che ora ci incontriamo domani?

B: Che giorno è domani?

A: Venerdì.

B: Va bene, allora ci vediamo alle cinque e mezza di pomeriggio.

3) A: Paul, che giorno torni in patria?

B: Il cinque settembre.

A: Da quanto tempo sei in Cina?

B: Sono in Cina da un anno.

A: Ci tornerai ancora?

B: Sì!

Testo supplementare: A che ora fai colazione?

1) A: Daming, a che ora fai colazione di solito?

B: Intorno alle sette e mezza.

A: E quando vai in azienda?

B: Alle otto e dieci.

2) A: Quando venite qui?

B: Domani.

A: A che ora?

B: Alle nove di sera. Ci fermiamo un'oretta, va bene?

A: Va bene.

Settima lezione Cosa mangi

Testo

1) A: Paola, hai fame?

B: Sì, ho un po' di fame.

A: Cosa vorresti mangiare?

B: Spaghetti.

A: Io prendo riso e verdura. Cameriera, noi vorremmo una ciotola di spaghetti, una di riso e una porzione di pollo di Kung Pao.

C: Volete qualcos'altro?

A: No.

C: Va bene, arrivo subito.

2) A: Paola, vuoi bere qualcosa?

B: Ho molta sete, vorrei dell'acqua, la vuoi anche tu?

A: No, vorrei bere un po' di tè.

B: Che tè prendi? Rosso o verde?

A: Tè verde. Paul, vuoi anche tu il tè?

C: No, grazie! Vorrei un caffè, qui lo fanno molto buono.

A: Va bene. Una bottiglia d'acqua, una tazza di tè e un caffè.

Testo supplementare: Cosa vorresti mangiare?

A: Cosa vuoi mangiare?

B: Prendo i *jiaozi*, mi piacciono moltissimo, e tu?

A: Io prendo spaghetti saltati, vorrei un piatto di spaghetti saltati con carne di manzo.

B: Va bene. Signorina, vorrei una ciotola di *jiaozi* e un piatto di spaghetti saltati con carne di manzo.

C: Va bene. Cosa prendete da bere?

B: Io vorrei una birra, ghiacciata.

A: Io prendo una bottiglia di coca, Coca-Cola.

C: Volete qualcos' altro?

A: Ci porti anche una ciotola di brodo di pollo.

C: Aspetti un attimo, vengo subito!

Ottava lezione | Sai parlare il cinese

Testo

1) A: Paul, sai parlare il cinese?

B: No.

A: E Barbara?

B: Sa un po' di cinese, e sa anche parlare l'inglese, il francese e l'italiano.

A: Tu vuoi studiare cinese?

B: Ho sentito dire che è molto interessante, mi piacerebbe studiarlo.

2) A: Paul, come va il tuo cinese?

   B: Adesso so parlarlo un po', mi sembra molto difficile!

   A: Sì. Studiare il cinese non è facile, bisogna ascoltare, parlare, leggere e scrivere molto.

   B: Hai ragione. Anche il nostro insegnante dice così.

Testo supplementare: Mi piace studiare il cinese

   A: Paola, studi cinese da due anni, ti sembra difficile?

   B: Come dire? Credo che se si parla e si scrive molto non sia poi così difficile. Io e mia sorella lo studiamo entrambe e ci piace moltissimo! Perché ci piace scrivere i caratteri, ogni carattere sembra un quadro, è molto bello. E ci piace anche parlarlo, sembra di cantare una canzone, è molto musicale, vero?

   A: Ah, ah! Sì, è vero. L'interesse è un ottimo maestro. Per studiare il cinese bisogna amarlo, no?

   B: Sì. Penso che sia così.

Nona lezione | Andiamo in banca

Testo

1) A: Daming, nel pomeriggio vorrei andare in banca a cambiare dei soldi, puoi venire con me?

   B: Sì, non c'è problema. A che ora ci vuoi andare?

   A: Sai a che ora apre e a che ora chiude la banca?

   B: Di solito le banche aprono alle 8 di mattina e chiudono alle 6 di pomeriggio.

   A: Sei libero alle 3 e mezza di pomeriggio?

   B: Sì. Dove ci incontriamo?

   A: Vengo da te alle 3 e un quarto, va bene?

   B: Va bene.

(In banca)

   B: Paul, fai un prelievo o devi cambiare dei soldi?

   A: Vorrei cambiare dei soldi in *renminbi*.

   B: Andiamo prima a destra a prendere il numero.

(dopo dieci minuti)

   A: Signorina, vorrei cambiare dei soldi.

   C: Mi scusi, quale tipo di valuta vuole?

   A: *Renminbi*.

   C: Quanti ne vuole?

   A: Vorrei cambiare duecento euro.

C: Va bene, attenda per favore… signore, questi sono i suoi soldi, in tutto sono mille cinque cento ottanta *renminbi*, li conti pure.

A: Perfetto. Grazie! Arrivederci!

C: Prego, arrivederci!

Testo supplementare: All'ufficio postale per spedire una lettera

A: Mi scusi, quanto tempo ci mette una lettera per arrivare a Shanghai?

B: Che tipo di lettera, ordinaria? Per una lettera ordinaria ci vogliono circa sei giorni.

A: Sei giorni? Ma è troppo lenta! E con posta celere?

B: Con posta celere ci vogliono al massimo due giorni. Ma costa un po di più.

A: Non importa se costa di più. Voglio spedirla con posta celere, quant'è?

B: Aspetti un attimo che guardo… da qui a Shanghai costa 19 *yuan* e 5 *mao*.

A: Va bene. Tenga.

B: Mi ha dato venti *yuan*, le devo 5 *mao* di resto.

A: Grazie!

B: Prego, buona giornata!

Decima lezione | Che lavoro fai

Testo

1) A: Paola, ho sentito dire che tuo papà in Italia fa il manager, è vero?

B: Sì. Lavora in un'azienda di abbigliamento, è il direttore.

A: E tua mamma?

B: Lavora a casa. È una casalinga.

A: Ho sentito che hai anche un fratello più grande, lui lavora già?

B: Sì, è un impiegato di banca

A: Cosa vorresti fare dopo la laurea, farai anche tu il manager?

B: No, i manager sono sempre così occupati! Vorrei andare in Cina e fare l'insegnante di italiano, potrei anche viaggiare in molti posti. Una vita così sarebbe molto più interessante.

2) A: Buongiorno, lei che lavoro fa?

B: Faccio la guida presso un'agenzia turistica.

A: Fare la guida è molto interessante, si può viaggiare molto e fare molte amicizie. Mi scusi, per quale agenzia lavora?

B: L'Agenzia Turistica Giovanile. E lei?

A: Sono un giornalista della rivista *L'universitario*. Piacere di conoscerla. Questo è il mio biglietto da visita.

B: Grazie. Anche per me è un piacere conoscerla.

Testo supplementare: Che lavoro ti piacerebbe fare?

A: Daming, ho sentito che prima facevi la guida, è vero?

B: Sì. Dopo la laurea sono andato in un'agenzia di viaggi e vi ho lavorato per due anni.

A: È bello fare la guida, perché hai smesso?

B: Lo sai, quando si fa la guida turistica si viaggia molto, è dura! Adesso il lavoro che faccio al giornale è molto bello. Sono molto soddisfatto. Paul, l'anno prossimo dopo la laurea cosa vorresti fare?

A: Non ho ancora deciso. Vedi, mi laureo in economia, finiti gli studi mi piacerebbe lavorare in un'azienda commerciale, così il mio cinese mi tornerebbe utile.

B: Hai ragione. Ti auguro buona fortuna!

Undicesima lezione | Dove abiti

Testo

1) A: Wang Li, ho sentito che hai traslocato.

B: Sì, è vero. Dove abitavo prima era piuttosto piccolo e anche rumoroso.

A: Adesso dove abiti?

B: Adesso abito nella Zona Residenziale Huayuan, sulla Renmin lu al numero 57.

A: Conosco quella zona residenziale, è molto bella e ci sono dei begli edifici. Sei soddisfatta di dove abiti adesso?

B: Sì. È una zona piena di *comfort*, è pulita e tranquilla. Io e i miei famigliari siamo tutti soddisfatti. Vieni a trovarci!

A: Va bene, grazie!

2) A: Paul, dove sei?

B: Sono in albergo, hai bisogno di qualcosa?

A: Sì. Avrei qualcosa da dirti, posso venire nella tua stanza?

B: Certo che puoi, vieni pure. Conosci l'indirizzo dell'albergo?

A: Sì, è l'Hotel di Pechino, no?

B: Sì, si trova sulla Dongdajie al numero 280.

A: Capito. Non è lontano da casa mia, prendo il 10 e in dieci minuti sono arrivato.

B: Va bene, allora. Ti aspetto in camera. Ciao!

A: Ciao!

Testo supplementare: Da che parte si va?

A: Paola, sai dov'è il museo?

B: Scusa, non lo so, chiediamo a qualcuno.

A: Scusi, signore, da che parte si va per il museo?

C: Il museo? Ah, non è lontano da qui. Dovete andare sempre dritto, al semaforo più avanti girate a sinistra, vedrete un grande edificio bianco e siete arrivati.

B: Quanto dista da qui?

C: Circa tre o quattrocento metri.

A: Grazie!

C: Prego!

Dodicesima lezione | Fare compere

Testo

1) A: Wang Li, domani parto per un viaggio, mi accompagni a far compere?

B: Va bene. Dove vorresti andare, al supermercato o al mercato libero?

A: Al supermercato. Ho sentito dire che vicino alla nostra scuola hanno aperto un supermercato nuovo, lì hanno molte cose e anche di buona qualità.

B: Va bene, andiamo.

(al supermercato)

B: Barbara, cosa vuoi comprare?

A: Vorrei del pane e della frutta e due o tre bottiglie d'acqua minerale.

B: Qui il pane e la frutta sono molto freschi. Vieni con me... Barbara, vuoi anche qualcos'altro?

A: Non lo so, tu cosa dici?

B: Ti piace fare degli spuntini? Quando si va in viaggio è bene portarsi qualcosa di buono da mangiucchiare tra un pasto e l'altro.

A: Mi piacciono i bocconcini di carne di vitello sotto sale e le gomme da masticare.

B: Ah ah! Prenditi quello che ti piace allora. Ma le gomme da masticare non sono uno spuntino.

A: Ah, Ah! Su andiamo a pagare.

2) A: Daming, questa sera vengono due amici a cena da noi. Finito il lavoro vai al mercato a fare la spesa.

B: Devo comprare la frutta?

A: Sì, compera ancora un po' di frutta.

(al mercato libero)

B: Capo, a quanto vende i cavolfiori?

C: A due *yuan* e cinquanta il *jin*.

B: Due e cinquanta? Troppo cari, facciamo due yuan al *jin*.

C: E va bene, quanti ne vuole?

B: Due *jin*. Tenga, ecco quattro *yuan*.

...

B: Signorina, quanto costano le angurie?

D: È scritto sopra, uno *yuan* e cinquanta al *jin*. Se non sono dolci non mi paga!

B: E quelle mele lì?

D: Tre *yuan*.

B: Compro un'anguria, ne vorrei una di 8 *jin* circa, e poi mi dia due *jin* di mele.

D: Sì. In tutto fanno 18 yuan. Le mi ha dato 20 e io gliene dò 2 di resto.

B: Perfetto, grazie.

D: Arrivederci!

Testo supplementare: Abbiamo comprato molte cose buone da mangiare

Domani partirò per un viaggio nel sud con due amici. Ho chiesto a Wang Li di accompagnarmi a fare acquisti. Siamo andate in un grande supermercato vicino alla scuola. Lì le cose sono fresche e anche a buon prezzo! Abbiamo comprato molte cose buone: pane, mele, mandarini, degli snack e anche delle bibite. Uscite dal supermercato siamo andate anche al mercato libero e abbiamo comperato un'anguria. D'estate mi piace tantissimo mangiare l'anguria è fresca e dolce, è buonissima.

Tredicesima lezione | Il tempo da queste parti

Testo

1) A: Ehi, amici, è arrivata la primavera! Domani andiamo a fare una gita!

B: Perfetto! È primavera/profumano i fiori! Ho visto oggi che c'è molta gente in giro a fare delle gite. È da tanto che volevo uscire a camminare un po'. Sì, avete visto le previsioni del tempo? Com'è il tempo domani?

C: Io le ho guardate, dicono che domani sarà nuvoloso e nel pomeriggio è prevista un po' di pioggia.

A: Ancora pioggia? E' tutta la settimana che piove: ieri e l'altro ieri è piovuto forte, ieri cadeva una pioggerellina. Oggi il tempo è bello, è tutto sereno. Ma domani sarà ancora nuvoloso. Che delusione!

B: Domani pioverà molto. Mi sa che questa gita andrà a monte.

C: Non avevo ancora finito di parlare: le previsioni del tempo hanno detto anche che dopodomani volgerà al bello. Sapete, la pioggia in primavera viene e va velocemente. Dopodomani potremmo partire presto.

A: Ah sì? Però dopodomani è domenica, non potrò dormire fino a tardi!

2) A: Fa davvero freddo oggi!

   B: Certo che fa freddo, lo sai che la temperatura massima prevista oggi è tra i 3 e i 4 gradi e la minima è tra 1 e 12 gradi sottozero? E ci potrebbe essere anche una tempesta di neve.

   A: Cielo! Che freddo! Ma in tutte le stanze c'è il riscaldamento, fa un bel caldino.

   B: Prima di venire in Cina, avevo sentito dagli amici che qui d'estate fa molto caldo e d'inverno molto freddo. Non ci sono proprio abituato!

   C: Stai tranquillo, se si abita a lungo in un posto un po' alla volta ci si abitua al clima.

Testo supplementare: E' arrivata la primavera

E' arrivata la primavera, le giornate si allungano e le notti sono più brevi. Il clima è più tiepido, non fa più freddo.

Nel parco l'erba è verde, sugli alberi crescono le foglie. E sbocciano anche i fiori, ce ne sono di rossi, di bianchi e anche di gialli, di tutti i colori. Che belli!

E' proprio bella la primavera. La gente esce di casa e va a passeggio nei parchi e lungo i ruscelli, va in barca sui laghi, si fa le foto davanti ai fiori, canta, chiacchiera… nei parchi risuonano voci e risate, che bello! Mi piace la primavera così, mi piace la gente in primavera. Domani voglio fare una gita con Daming, Barbara e Paola.

Quattordicesima lezione | Vorrei prenotare l'albergo e il biglietto aereo

Testo

1) A: Buongiorno, qui è l'Hotel di Pechino.

   B: Buongiorno. Vorrei prenotare una stanza.

   A: Va bene. La vuole prenotare per quale giorno, signore?

   B: Per giovedì prossimo, il 6 maggio.

   A: Che tipo di stanza vuole?

   B: Vorrei una singola.

   A: Mi scusi signore, le singole sono tutte occupate il 6 maggio, le va bene una standard.

   B: Ah, è così. Scusi, quanto costa una standard?

   A: 400 *yuan*. Ha un ottimo arredamento, TV a colori, aria condizionata e telefono.

   B: Allora va bene, prenoto una standard.

   A: Mi può dire per favore il suo nome e cognome e il numero di carta d'identità?

   B: Mi scusi, sono straniero, mi chiamo Paul, non ho la carta d'identità [cinese].

   A: Non fa nulla, mi dia pure il suo numero di passaporto.

   B: Va bene, il numero del passaporto è Y203596.

   A: Fatto, signor Paul, le ho prenotato una standard per il 6 maggio. Benvenuto al nostro a hotel!

   B: Grazie, arrivederci!

A: Arrivederci!

2) A: Signore, vorrei prenotare due biglietti aerei per Roma.

B: Per quando?

A: Dopodomani, mi scusi, ci sono voli al mattino?

B: Attenda un attimo, controllo… dopodomani mattina alle 9 e 40 c'è una compagnia che vola su Roma, ma deve cambiare a Francoforte, con una sosta di due ore.

A: Devo fare un cambio! Per favore, può vedere ancora se ci sono altri voli?

B: Abbia pazienza, guardo ancora… sì, c'è. C'è un volo che fa per lei, diretto per Roma, solo che è un po' presto.

A: A che ora?

B: Parte dopodomani alle 5.05 del mattino e atterra a Roma alle 4 del pomeriggio dello stesso giorno.

A: In effetti è un po' presto, però mi va meglio dell'altro. Va bene, prendo questo, due biglietti in classe economica.

B: Va bene, mi mostra il suo passaporto per favore? Perfetto, ecco, signore, i suoi biglietti e il passaporto.

A: Grazie!

B: Prego, arrivederci!

A: Arrivederci.

Testo supplementare: Si può prenotare il biglietto anche in albergo

La settimana scorsa ho prenotato una stanza all'Hotel di Pechino, era la stanza 201: c'erano televisione a colori, aria condizionata e telefono, era molto pulita e confortevole. Sono stato molto soddisfatto.

Il giorno dopo dovevo andare a Suzhou, perciò volevo prenotare un biglietto del treno per Suzhou. La cameriera dell'albergo mi ha detto che anche in albergo c'era un servizio di prenotazioni, basta rivolgersi alla reception. Sono andato alla reception, ho esibito il mio passaporto e pagando 20 *yuan* di commissione ho prenotato un biglietto per il giorno dopo sul rapido delle 8 del mattino diretto a Suzhou. Venti minuti dopo la cameriera mi ha recapitato il biglietto in camera, davvero pratico!

Quindicesima lezione — In Cina per studio o turismo

Testo

1) A: Ciao, Paul! Sono Luca!

B: Ehi, Luca, ciao! Come stai?

A: Bene, grazie! Paul quest'anno vorrei andare a studiare in Cina per le vacanze estive, vorrei farti alcune domande.

B: Vuoi venire in Cina a studiare? Benissimo! Ci possiamo incontrare in Cina, tu che progetti hai?

A: Tu lo sai che o sempre provato interesse per la lingua e la cultura cinese, l'anno scorso ho anche fatto un corso opzionale di cinese, quest'anno in luglio vorrei andare a studiare a Pechino per un anno.

B: In quale università vorresti andare, hai deciso?

A: Non ancora. Tu studi a Pechino già da due anni, mi puoi dare qualche consiglio?

B: Luca, secondo me dovresti venire nella nostra università. Qui ci sono molti studenti stranieri, tutti hanno migliorato rapidamente il loro cinese, soprattutto parlato. Qui i professori e i compagni sono ottimi, e il campus è grande, bello… insomma, c'è un ottimo ambiente per lo studio. Inoltre, ci potremo incontrare spesso, chiacchierare, parlare cinese insieme.

A: Anch'io lo penso. Paul, se voglio iscrivermi presso la vostra università che pratiche devo sbrigare?

B: Facciamo così, ti dò l'indirizzo web della nostra università, nel sito ci sono molte informazioni per gli studenti stranieri. Poi se hai qualcosa da chiedermi mi puoi telefonare. A proposito, hai già fatto il visto?

A: Non ancora. Paul, è facile fare il visto per la Cina?

B: Sì, sì. All'Ambasciata di Roma o al Consolato a Milano lo puoi fare in una settimana circa.

A: Ottimo, grazie, Paul. Ci vediamo a Pechino!

B: A Pechino, Luca!

2) A: Ehi, Paola, è da tanto che non ci vediamo, quando sei arrivata a Pechino?

B: Sono arrivata ieri pomeriggio. Come stai?

A: Io bene, grazie. Sei venuta a Pechino per studio o per turismo?

B: Sono qui per lavoro! Non te l'immaginavi, eh? Faccio l'interprete per un'agenzia di viaggi, sono venuta con una comitiva, faccio sia da guida che da interprete.

A: Ah, Paola! Ma è fantastico! Quali posti visiterete? Quanti giorni vi fermate a Pechino?

B: Il nostro itinerario è questo: prima ci femeremo a Pechino tre giorni per visitare musei, la Città Proibita, la Grande Muraglia e il Palazzo d'Estate. Poi andremo a Luoyang nello Henan per ammirare le peonie, quindi visiteremo le Grotte di Longmen e il Tempio del Cavallo Bianco. Sosteremo due giorni a Luoyang, poi andremo a Hangzhou e Suzhou per visitare il Lago Xihu e i Giardini di Suzhou, poi ancora andremo ad ammirare il paesaggio di Guilin…

A: Quanti bei posti andrete a vedere! Ti invidio davvero! Ma non è stancante fare la guida e l'interprete allo stesso tempo?

B: Per essere stancante è stancante, ma è il mio primo lavoro e io lo trovo molto interessante. E poi posso esercitare il mio cinese, sono molto contenta!

A: Se è così, perfetto!

词汇索引

Vocabolario

课文生词表

A

生词	词性	拼音	意大利语注释	课号
啊	(助)	a	*particella modale*, ah	10
安静	(形)	ānjìng	tranquillo	11
安排	(动)	ānpái	organizzare	15

B

生词	词性	拼音	意大利语注释	课号
把	(介)	bǎ	*preposizione*	14
爸爸	(名)	bàba	papà	3
白天	(名)	báitiān	giorno	13
班次	(名)	bāncì	*numero di volo*	14
搬	(动)	bān	traslocare	11
搬家	(动)	bānjiā	traslocare, cambiare casa	11
半	(数)	bàn	metà, mezzo	6
帮	(动)	bāng	aiutare	14
棒	(形)	bàng	fantastico; forte	15
杯	(名)	bēi	bicchiere	7
比较	(副)	bǐjiào	abbastanza, piuttosto	11
毕业	(动)	bìyè	laurearsi	10
标准间	(名)	biāozhǔnjiān	stanza standard	14
别的	(代)	biéde	altro	7
不过	(连)	búguò	ma	12
不客气		bú kèqi	prego	9
不	(副)	bù	no, non	4

C

彩电	（名）	cǎidiàn	televisore a colori	14
菜	（名）	cài	verdura	7
菜花	（名）	càihuā	cavolfiore	12
参观	（动）	cānguān	visitare	15
查	（动）	chá	controllare	14
茶	（名）	chá	tè	7
差不多	（副）	chàbuduō	circa, più o meno	15
长	（形）	cháng	lungo	6
超市	（名）	chāoshì	supermercato	12
吵	（形）	chǎo	rumoroso	11
称呼	（动）	chēnghu	chiamare	2
出发	（动）	chūfā	partire	13
出去	（动）	chūqù	uscire	12
出示	（动）	chūshì	mostrare, esibire	14
春天	（名）	chūntiān	primavera	13
春游	（动）	chūnyóu	gita di primavera	13
次	（量）	cì	*classificatore*	14

D

打电话		dǎ diànhuà	telefonare	15
打算	（名、动）	dǎsuan	intenzione, programma; programmare	15
大家	（代）	dàjiā	tutti	5
大使馆	（名）	dàshǐguǎn	ambasciata	15
大学	（名）	dàxué	università	5
带	（动）	dài	portare	12
单人间	（名）	dānrénjiān	stanza singola	14
当然	（副）	dāngrán	naturalmente	11
当天	（名）	dāngtiān	lo stesso giorno, in giornata	14
导游	（名）	dǎoyóu	guida turistica	10
到达	（动）	dàodá	arrivare	14
地	（助）	de	*particella strutturale*	13

的	（助）	de	*particella strutturale*	2
等	（动）	děng	aspettare	9
低	（形）	dī	basso	13
地方	（名）	dìfang	luogo	11
地址	（名）	dìzhǐ	indirizzo	11
弟弟	（名）	dìdi	fratello minore	3
点	（量）	diǎn	*classificatore*	6
电话	（名）	diànhuà	telefono	14
东	（名）	dōng	est	11
冬天	（名）	dōngtiān	inverno	13
东西	（名）	dōngxi	cosa	12
读	（动）	dú	leggere	8
度	（名）	dù	grado	13
对	（形）	duì	giusto, corretto	8
对不起	（动）	duìbuqǐ	scusi, scusa	4
多	（副）	duō	molto	5
多大		duō dà	quanti anni (quanto grande)	3
多少	（代）	duōshao	quanto, quanti	9

E

饿	（形）	è	affamato, avere fame	7
二十	（数）	èrshí	venti	3

F

翻译	（名）	fānyì	interprete	15
房间	（名）	fángjiān	stanza	11
放心	（动）	fàngxīn	stare tranquillo, tranquillizzarsi	13
飞机	（名）	fēijī	aereo	14
飞往		fēiwǎng	volo diretto a	14
份	（量）	fèn	*classificatore*	15
风	（名）	fēng	vento	13
风雪	（名）	fēngxuě	tempesta di neve	13

服务员	（名）	fúwùyuán	cameriere	7
服装	（名）	fúzhuāng	abbigliamento	10
付	（动）	fù	pagare	12
附近	（名）	fùjìn	vicino	12

G

干净	（形）	gānjìng	pulito	11
感	（动）	gǎn	sentire, provare	15
刚	（副）	gāng	appena	15
高	（形）	gāo	alto	13
高兴	（形）	gāoxìng	contento	2
告诉	（动）	gàosu	dire	14
哥哥	（名）	gēge	fratello maggiore	3
跟	（介）	gēn	con	12
更	（副）	gèng	ancor più	10
工程师	（名）	gōngchéngshī	ingegnere	5
公共汽车		gōnggòng qìchē	autobus	11
关	（动）	guān	chiudere	9
关门	（动）	guānmén	chiudere la porta	9
关照	（动）	guānzhào	aver cura di, aiutare	5
观光	（动）	guānguāng	visitare	15
观赏	（动）	guānshǎng	ammirare, godersi (la vista di)	15
贵姓	（名）	guìxìng	chiamarsi (cognome)	2
国	（名）	guó	nazione, stato	4

H

哈	（叹）	hā	*interiezione*	3
还	（副）	hái	ancora	6
还是	（连）	háishi	oppure	7
航班	（名）	hángbān	volo	14
好	（形）	hǎo	buono, bene	1
好办		hǎo bàn	facile da fare	15

好久	（形）	hǎojiǔ	da tanto tempo	15
号	（名）	hào	giorno; numero	6
号码	（名）	hàomǎ	numero	14
喝	（动）	hē	bere	7
和	（连）	hé	e	3
合适	（形）	héshì	adatto	14
很	（副）	hěn	molto	1
红	（形）	hóng	rosso	7
护照	（名）	hùzhào	passaporto	14
花	（名）	huā	fiore	11
花园	（名）	huāyuán	giardino	11
话	（名）	huà	parola	13
欢迎	（动）	huānyíng	(dare il) benvenuto	11
环境	（名）	huánjìng	ambiente	14
换	（动）	huàn	cambiare	9
回	（动）	huí	tornare	6
会	（动）	huì	sapere, potere	8
或者	（连）	huòzhě	oppure	15

J

机场	（名）	jīchǎng	aeroporto	14
几	（数）	jǐ	quanti, alcuni	3
记者	（名）	jìzhě	giornalista	10
家	（名）	jiā	famiglia, casa	3
家庭主妇		jiātíng zhǔfù	padrona di casa, casalinga	10
家务	（名）	jiāwù	lavori domestici	10
兼	（动）	jiān	fare due cose contemporaneamente	15
见面	（动）	jiànmiàn	incontrarsi	6
建议	（名）	jiànyì	proposta	15
叫	（动）	jiào	chiamare	2
街	（名）	jiē	via	11
介绍	（动）	jièshào	presentare	5

斤	（量）	jīn	*classificatore*	12
今年	（名）	jīnnián	quest'anno	3
今天	（名）	jīntiān	oggi	6
经济舱	（名）	jīngjìcāng	classe economica	14
经理	（名）	jīnglǐ	direttore, manager	10
酒店	（名）	jiǔdiàn	albergo	11
就	（副）	jiù	subito, immediatamente	7
句	（量）	jù	*classificatore*	15
决定	（动）	juédìng	decidere	15
觉得	（动）	juéde	sentirsi	8

K

咖啡	（名）	kāfēi	caffè	7
开	（动）	kāi	aprire	9
开门	（动）	kāimén	aprire la porta	9
可以	（动）	kěyǐ	potere, essere possibile	9
渴	（形）	kě	assetato, avere sete	7
刻	（量）	kè	*classificatore*	9
客	（名）	kè	ospite, cliente	14
客满	（形）	kèmǎn	esaurito	14
空调	（名）	kōngtiáo	condizionatore	14
口	（量）	kǒu	*classificatore*	3
口香糖	（名）	kǒuxiāngtáng	gomma da masticare	12
口语	（名）	kǒuyǔ	lingua parlata	15
矿泉水	（名）	kuàngquánshuǐ	acqua minerale	12

L

啦	（助）	la	*particella modale*	13
懒觉		lǎn jiào	(dormire) fino a tardi	13
老师	（名）	lǎoshī	insegnante	5
了	（助）	le	*particella modale*	3
冷	（形）	lěng	freddo	13

离	(介)	lí	da	11
练习	(动)	liànxí	esercitarsi, fare pratica	15
聊天儿	(动)	liáotiānr	chiacchierare	15
零上		líng shàng	sopra lo zero	13
零食	(名)	língshí	spuntino, snack	12
零下		líng xià	sottozero	13
领事馆	(名)	lǐngshìguǎn	consolato	15
留学	(动)	liúxué	studiare all'estero	15
留学生	(名)	liúxuéshēng	studente straniero	15
楼	(名)	lóu	edificio, piano	11
楼房	(名)	lóufáng	edificio (a più piani)	11
路	(名)	lù	strada, via	11
旅行社	(名)	lǚxíngshè	agenzia di viaggi	10
旅游	(动)	lǚyóu	viaggiare	10
旅游团	(名)	lǚyóutuán	gruppo di turisti	15
律师	(名)	lǜshī	avvocato	5
绿	(形)	lǜ	verde	7

M

吗	(助)	ma	*particella modale*	1
妈妈	(名)	māma	mamma	3
麻烦	(动)	máfan	per favore, disturbare, infastidire	14
马上	(副)	mǎshàng	subito	7
买	(动)	mǎi	comprare	12
卖	(动)	mài	vendere	12
满	(形)	mǎn	pieno	14
忙	(形)	máng	occupato	10
没	(副)	méi	non	3
没关系		méi guānxi	non importa	4
没问题		méi wèntí	non c'è problema	9
美景	(名)	měijǐng	bella vista	15
门	(名)	mén	porta	9

米饭	（名）	mǐfàn	riso (cotto)	7
面包	（名）	miànbāo	pane	12
面条	（名）	miàntiáo	spaghetti	7
名片	（名）	míngpiàn	biglietto da visita	5
明天	（名）	míngtiān	domani	6
名字	（名）	míngzi	nome	2
牡丹	（名）	mǔdān	peonia	15

N

拿	（动）	ná	prendere	9
哪	（代）	nǎ	quale	4
那边	（代）	nàbian	là	12
难	（形）	nán	difficile	8
呢	（助）	ne	*particella modale*	1
能	（动）	néng	potere, essere capace	9
你	（代）	nǐ	tu	1
您	（代）	nín	Lei	1
牛肉干	（名）	niúròugān	bocconcini di carne secca di vitello	12
暖和	（形）	nuǎnhuo	tiepido	13
暖气	（名）	nuǎnqì	riscaldamento	13

O

欧元	（名）	Ōuyuán	euro	9

P

盘	（名）	pán	piatto	7
泡汤	（动）	pàotāng	andare a monte, fallire	13
陪	（动）	péi	accompagnare	12
票	（名）	piào	biglietto	14
瓶	（名）	píng	bottiglia	7
苹果	（名）	píngguǒ	mela	12

Q

起飞	（动）	qǐfēi	decollare	14
签证	（名）	qiānzhèng	visto	15
钱	（名）	qián	denaro, soldi	9
青年	（名）	qīngnián	giovane	10
晴	（形）	qíng	sereno	13
晴天	（名）	qíngtiān	cielo sereno	13
请	（动）	qǐng	pregare	5
请问	（动）	qǐngwèn	scusi, posso chiederle?	2
区	（名）	qū	zona	11
取	（动）	qǔ	prelevare	9
去	（动）	qù	andare	6
去年	（名）	qùnián	l'anno scorso	15

R

然后	（连）	ránhòu	poi, quindi	15
热	（形）	rè	caldo	13
人	（名）	rén	uomo	4
人民币	（名）	Rénmínbì	*renminbi*	9
认识	（动）	rènshi	conoscere	2
容易	（形）	róngyì	facile	8
入住	（动）	rùzhù	alloggiare	14

S

三十一	（数）	sānshíyī	trentuno	3
扫兴	（形）	sǎoxìng	deluso	13
山水	（名）	shānshuǐ	paesaggio	15
上面	（名）	shàngmian	sopra	12
身份证	（名）	shēnfènzhèng	carta d'identità	14
生活	（名）	shēnghuó	vita	10
十九	（数）	shíjiǔ	diciannove	3
时间	（名）	shíjiān	tempo	6

事儿	（名）	shìr	cosa, fatto	11
是	（动）	shì	essere	2
收	（动）	shōu	ricevere	12
舒服	（形）	shūfu	comodo, confortevole	11
数	（动）	shǔ	contare	9
暑假	（名）	shǔjià	vacanze estive	15
水	（名）	shuǐ	acqua	7
水果	（名）	shuǐguǒ	frutta	12
水平	（名）	shuǐpíng	livello	15
睡	（动）	shuì	dormire	13
顺便	（副）	shùnbiàn	cogliere l'occasione per	15
顺利	（形）	shùnlì	scorrevole, senza intoppi	15
说	（动）	shuō	dire, parlare	8
四	（数）	sì	quattro	3
岁	（量）	suì	anni (d'età)	3
所	（量）	suǒ	*classificatore*	15

T

它	（代）	tā	esso	14
他	（代）	tā	egli, lui	3
她	（代）	tā	ella, lei	4
她们	（代）	tāmen	esse, loro	4
特别	（副）	tèbié	particolarmente, specialmente	15
提高	（动）	tígāo	innalzare, elevare	15
天气	（名）	tiānqì	tempo (atmosferico)	13
天气预报		tiānqì yùbào	previsioni del tempo	13
甜	（形）	tián	dolce	12
听说	（动）	tīngshuō	sentito dire	8
停留	（动）	tíngliú	sostare	14

W

外国	（名）	wàiguó	paese straniero, estero	14

外国人		wàiguórén	straniero	14
外面	（名）	wàimiàn	fuori, esterno	13
碗	（名）	wǎn	ciotola	7
网址	（名）	wǎngzhǐ	sito web	15
为	（动）	wéi	essere	14
位	（量）	wèi	*classificatore*	5
温度	（名）	wēndù	temperatura	13
文化	（名）	wénhuà	cultura	15
问题	（名）	wèntí	domanda	15
我	（代）	wǒ	io	1

X

西瓜	（名）	xīguā	anguria	12
习惯	（动）	xíguàn	abituarsi	13
下午	（名）	xiàwǔ	pomeriggio	6
下雨		xià yǔ	piovere	13
先	（副）	xiān	prima	15
先生	（名）	xiānsheng	signore	2
羡慕	（动）	xiànmù	ammirare	15
现在	（名）	xiànzài	adesso	6
香	（形）	xiāng	profumato	13
想	（动）	xiǎng	volere, pensare	7
小姐	（名）	xiǎojiě	signorina	2
校园	（名）	xiàoyuán	campus	15
些	（量）	xiē	*classificatore*	12
写	（动）	xiě	scrivere	8
新	（形）	xīn	nuovo	12
新鲜	（形）	xīnxiān	fresco	12
信息	（名）	xìnxī	informazione	15
星期	（名）	xīngqī	settimana	6
星期二	（名）	Xīngqī'èr	martedì	6
星期六	（名）	Xīngqīliù	sabato	6

星期三	（名）	Xīngqīsān	mercoledì	6
星期四	（名）	Xīngqīsì	giovedì	6
星期天/日	（名）	Xīngqītiān/rì	domenica	6
星期五	（名）	Xīngqīwǔ	venerdì	6
星期一	（名）	Xīngqīyī	lunedì	6
行	（动）	xíng	va bene	14
姓	（动）	xìng	cognome	2
需要	（动）	xūyào	avere bisogno	15
选修	（动）	xuǎnxiū	scegliere, optare per	15
学生	（名）	xuésheng	studente	5
学校	（名）	xuéxiào	scuola	12
雪	（名）	xuě	neve	13

Y

样	（名）	yàng	modo	14
要	（动）	yào	volere, dovere	7
也	（副）	yě	anche	1
夜里	（名）	yèli	di notte	13
一共	（副）	yígòng	in tutto, in totale	9
一下儿		yíxiàr	un po', un momento	5
已经	（副）	yǐjīng	già	14
一般	（形）	yìbān	di solito, in generale	9
（一）点儿		(yì) diǎnr	poco	7
一起	（副）	yìqǐ	insieme	9
一些		yìxiē	alcuni	15
阴	（形）	yīn	scuro	13
阴天	（名）	yīntiān	cielo nuvoloso	13
游览	（动）	yóulǎn	visitare	15
有	（动）	yǒu	avere	3
有点儿	（副）	yǒudiǎnr	un po'	7
有意思		yǒuyìsi	interessante	8
右边	（名）	yòubian	destra	9

雨	（名）	yǔ	pioggia	13
预订	（动）	yùdìng	prenotare	14
预计	（动）	yùjì	prevedere	13
园林	（名）	yuánlín	giardino	15
远	（形）	yuǎn	lontano	11
月	（名）	yuè	mese	6

Z

杂志社	（名）	zázhìshè	casa editrice di periodici o riviste	10
再说	（连）	zàishuō	inoltre	15
咱们	（代）	zánmen	noi (include l'interlocutore)	9
怎么	（代）	zěnme	come, in che modo	2
怎么样	（代）	zěnmeyàng	come, in che modo	8
张	（量）	zhāng	*classificatore*	14
着急	（形）	zháojí	essere in ansia, avere fretta	14
找	（动）	zhǎo	cercare, visitare	9
这里	（代）	zhèli	qui	14
这么	（代）	zhème	così	8
这样	（代）	zhèyàng	così	14
着	（助）	zhe	*particella*	12
真	（副）	zhēn	veramente	13
直飞	（动）	zhífēi	volo diretto	14
中途	（名）	zhōngtú	metà strada	14
周	（名）	zhōu	settimana	14
住	（动）	zhù	abitare	11
转	（动）	zhuǎn	trasformarsi, volgere	13
准备	（动）	zhǔnbèi	preparare	15
自由市场	（名）	zìyóu shìchǎng	mercato libero	12
总之	（连）	zǒngzhī	insomma, in conclusione	15
最近	（名）	zuìjìn	recentemente	13
昨天	（名）	zuótiān	ieri	13
坐	（动）	zuò	sedersi	11

补充课文生词表

B

生词	词性	拼音	意大利语注释	课号
吧	（助）	ba	*particella modale*	2
八	（数）	bā	otto	3
白	（形）	bái	bianco	11
百	（数）	bǎi	cento	3
办	（动）	bàn	fare, sbrigare	14
办理	（动）	bànlǐ	trattare, espletare	14
报社	（名）	bàoshè	editore del giornale	10
别人	（代）	biérén	gli altri	11
冰镇	（动）	bīngzhèn	ghiacciato	7
博物馆	（名）	bówùguǎn	museo	11
不错	（形）	búcuò	buono, valido	10

C

生词	词性	拼音	意大利语注释	课号
草	（名）	cǎo	erba	13
唱	（动）	chàng	cantare	8
唱歌	（动）	chànggē	cantare	8
炒面	（名）	chǎomiàn	spaghetti saltati	7
吃	（动）	chī	mangiare	6
出来	（动）	chūlái	uscire	12
船	（名）	chuán	barca	13
从	（介）	cóng	da	12

D

生词	词性	拼音	意大利语注释	课号
大概	（副）	dàgài	probabilmente	11
待	（动）	dāi	stare, trattenersi	6
到	（动）	dào	arrivare	9
第		dì	*prefisso ordinale*	14

都	（副）	dōu	tutto, tutti	1
短	（形）	duǎn	corto	13

F

方便	（形）	fāngbiàn	comodo, pratico	14
分	（量）	fēn	*classificatore*	6
封	（量）	fēng	*classificatore*	9
幅	（量）	fú	*classificatore*	8
服务	（动）	fúwù	servire	14

G

歌	（名）	gē	canzone	8
个	（量）	gè	*classificatore*	6
各种	（代）	gèzhǒng	ogni tipo di	13
给	（动）	gěi	dare	9
公司	（名）	gōngsī	società, compagnia	5
公园	（名）	gōngyuán	parco	13
工作	（名、动）	gōngzuò	lavoro; lavorare	5
拐	（动）	guǎi	voltare, girare	11
光明	（名）	guāngmíng	luce	2
贵	（形）	guì	costoso	9

H

汉字	（名）	hànzì	carattere cinese	8
好看	（形）	hǎokàn	bello (da guardare)	8
好听	（形）	hǎotīng	bello, piacevole (da ascoltare)	2
好运	（名）	hǎoyùn	(buona) fortuna	10
河边	（名）	hébiān	lungo il fiume	13
红绿灯	（名）	hóng-lǜdēng	semaforo	11

湖	（名）	hú	lago	13
划	（动）	huá	remare	13
划船	（动）	huáchuán	remare, andare in barca	13
画	（名）	huà	quadro	8
黄	（形）	huáng	giallo	13
火车	（名）	huǒchē	treno	14

J

鸡蛋	（名）	jīdàn	uovo	7
寄	（动）	jì	spedire	9
家人	（名）	jiārén	famigliari	1
交	（动）	jiāo	consegnare	14
饺子	（名）	jiǎozi	*jiaozi* (ravioli cinesi)	7
姐姐	（名）	jiějie	sorella maggiore	8
经济	（名）	jīngjì	economia	10
经理	（名）	jīnglǐ	manager, direttore	5
橘子	（名）	júzi	mandarino	12

K

开往		kāiwǎng	diretto a	14
看见	（动）	kànjiàn	vedere	11
可乐	（名）	kělè	coca	7
可能	（副）	kěnéng	forse	9
快件	（名）	kuàijiàn	posta celere	9

L

来	（动）	lái	venire	4
里	（名）	lǐ	in, dentro	13
两	（数）	liǎng	due	8
零	（数）	líng	zero	3

六	（数）	liù	sei	3

M

满意	（动）	mǎnyì	soddisfatto	10
慢	（形）	màn	lento	9
毛	（量）	máo	*mao* (un decimo di *yuan*)	9
贸易	（名）	màoyì	commercio	10
每天		měi tiān	ogni giorno	6
米	（量）	mǐ	*classificatore*	11

N

哪儿	（代）	nǎr	dove	5
那	（代）	nà	quello	4
南方	（名）	nánfāng	sud	12
牛肉	（名）	niúròu	carne di manzo	7

O

哦	（叹）	ò	ah	11

P

旁边	（名）	pángbiān	a flanco, accanto	12
朋友	（名）	péngyou	amico	4
啤酒	（名）	píjiǔ	birra	7
便宜	（形）	piányi	economico	12
漂亮	（形）	piàoliang	bello	4
平信	（名）	píngxìn	lettera ordinaria	9

Q

七	（数）	qī	sette	3
千	（数）	qiān	mille	3

前	（名）	qián	avanti, davanti	11
前面	（名）	qiánmiàn	davanti	11
前台	（名）	qiántái	banco della reception	14

S

散步	（动）	sànbù	passeggiare	13
色	（名）	sè	colore	11
稍候	（动）	shāohòu	aspetta un attimo	7
什么	（代）	shénme	cosa	5
声	（名）	shēng	voce, suono	13
师傅	（名）	shīfu	maestro, capo	11
十	（数）	shí	dieci	3
时候	（名）	shíhou	tempo	6
首	（量）	shǒu	*classificatore*	8
手续	（名）	shǒuxù	formalità	14
手续费	（名）	shǒuxùfèi	spese di commissione	14
树叶	（名）	shùyè	foglia (d'albero)	13
送	（动）	sòng	inviare, accompagnare	14

T

他们	（代）	tāmen	essi, loro	4
太	（副）	tài	troppo	9
汤	（名）	tāng	brodo	7
特快	（形）	tèkuài	rapido	14

W

晚上	（名）	wǎnshang	sera	1
万	（数）	wàn	diecimila	3
往	（介）	wǎng	verso, in direzione di	11

我们	（代）	wǒmen	noi	4
五	（数）	wǔ	cinque	3

X

喜欢	（动）	xǐhuan	piacere	7
夏天	（名）	xiàtiān	estate	12
小	（形）	xiǎo	piccolo	2
小时	（名）	xiǎoshí	ora	6
笑	（动）	xiào	ridere, sorridere	13
谢谢	（动）	xièxie	grazie	1
辛苦	（形）	xīnkǔ	duro, faticoso	10
信	（名）	xìn	lettera	9
兴趣	（名）	xìngqù	interesse	8

Y

颜色	（名）	yánsè	colore	13
以后	（名）	yǐhòu	dopo	5
以前	（名）	yǐqián	prima	10
一直	（副）	yìzhí	sempre, diretto	11
因为	（连）	yīnwèi	perché	8
银行	（名）	yínháng	banca	5
饮料	（名）	yǐnliào	bibita, bevanda	12
有用	（形）	yǒuyòng	utile	10
元	（量）	yuán	*yuán*	9

Z

在	（介）	zài	in, a	5
早	（形）	zǎo	presto	1
早饭	（名）	zǎofàn	colazione	6

早上	（名）	zǎoshang	mattino	1
怎么说		zěnme shuō	come dire, come si dice	8
长	（动）	zhǎng	crescere	13
照相	（动）	zhàoxiàng	fotografare	13
这	（代）	zhè	questo	4
这儿	（代）	zhèr	qui	6
这样	（代）	zhèyàng	tale	8
知道	（动）	zhīdào	sapere	5
职员	（名）	zhíyuán	impiegato	5
祝	（动）	zhù	augurare	10
专业	（名）	zhuānyè	specializzazione	10
自	（介）	zì	da	4
走	（动）	zǒu	camminare	9
最	（副）	zuì	il più	9
最多		zuì duō	al massimo	9
左	（名）	zuǒ	sinistra	11
左右	（名）	zuǒyòu	circa	6
座	（量）	zuò	*classificatore*	11
做	（动）	zuò	fare	5

专有名词表

生词	词性	拼音	意大利语注释	课号
芭芭拉	(人名)	Bābālā	Barbara	2
巴黎	(地名)	Bālí	Parigi	4
白马寺	(地名)	Báimǎ Sì	Tempio del Cavallo Bianco	15
保拉	(人名)	Bǎolā	Paola	2
保罗	(人名)	Bǎoluó	Paul	1
北京	(地名)	Běijīng	Pechino	4
北京大酒店	(地名)	Běijīng Dà Jiǔdiàn	Hotel Pechino	11
长城	(地名)	Chángchéng	Grande Muraglia	15
法国	(国名)	Fǎguó	Francia	4
法兰克福	(地名)	Fǎlánkèfú	Francoforte	14
法语	(语言名)	Fǎyǔ	lingua francese	5
宫保鸡丁	(菜名)	Gōngbǎo Jīdīng	pollo di Kung Pao	7
故宫	(地名)	Gùgōng	Città Proibita	15
桂林	(地名)	Guìlín	Guilin	15
汉语	(语言名)	Hànyǔ	lingua cinese	5
杭州	(地名)	Hángzhōu	Hangzhou	15
河南	(地名)	Hénán	Henan	15
可口可乐	(品牌名)	Kěkǒu Kělè	Coca-Cola	7
李大明	(人名)	Lǐ Dàmíng	Li Daming	2
龙门石窟	(地名)	Lóngmén Shíkū	Grotte di Longmen	15
卢卡	(人名)	Lúkǎ	Luca	15
罗马	(地名)	Luómǎ	Roma	4
洛阳	(地名)	Luòyáng	Luoyang	15
米兰	(地名)	Mǐlán	Milano	15
日本	(国名)	Rìběn	Giappone	4
上海	(地名)	Shànghǎi	Shanghai	4
苏州	(地名)	Sūzhōu	Suzhou	14
王	(姓)	Wáng	Wang	2
王丽	(人名)	Wáng Lì	Wang Li	2

威尼斯	（地名）	Wēinísī	Venezia	5
西湖	（地名）	Xī Hú	Lago Xihu	15
颐和园	（地名）	Yíhé Yuán	Palazzo d'Estate	15
意大利	（国名）	Yìdàlì	Italia	4
意大利语	（语言名）	Yìdàlìyǔ	Italiano	8
英语	（语言名）	Yīngyǔ	Inglese	8
中国	（国名）	Zhōngguó	Cina	4

Notes

Notes

Notes

Notes